有馬　学

# 「戦後」を読み直す

## 同時代史の試み

中公選書

「戦後」を読み直す——同時代史の試み

目次

# 「戦後」を読み直す

## 同時代史の試み

# 序章　意図と方法

かねてから、同時代を歴史として語る形式を見つけたいと考えてきた。そもそも人は老年期になって、過去を語るという行為の誘惑から逃れがたい。なぜなら、私たち常人にとっては、それのみが現在の不快に耐える方法のように見えるからである。もちろんこの誘惑はとても危険だ。歴史叙述はすべてそれがどのような時代であったかを語るのが目的だが、同時代史は語る主体がその時代の体験者である。つまり、「私」と「いま」という二つの要素がどうしても混入してしまう。それは本来、歴史叙述の邪道である。というより禁じ手だ。私も、現在の価値観を過去に持ち込むなと学生に語り、米本昌平にならって、歴史叙述は過去への参与観察だなどと書いてきた。[1]

しかし「未開」社会の民俗誌を書く人類学者は「文明」人である。近代科学や人文学のややこしい手法を用いずに書く者などいない。歴史叙述の方法的難問は、いかに現在の価値観を持ち込まないかではなく、何がどのように持ち込まれてしまい、それがどのように叙述に影響を与えたかを識別する技法が未成熟なことである。

どう弁明しても、この問題に関して完全武装することは困難である。事実を事実としてのみ語るのはとてつもなく難しい。後知恵が混入しても歴史だと言い張るのはもっと難しい。しかし、あれはしない、これも避けるとあらかじめ手を縛ると、危険と背中合わせの面白みは消えてしまう。それに、いまこの瞬間に私のような世代の人間が同時代史を考えることには、一定の意味があるとも思うのだ。

私のような世代とはいかなる意味か。「一身にして二生《にしょう》を経る」という言葉がある。わりと知られていると思うが、一人の人間が全く異なる二つの人生を生きる、あるいは時代を生きるという意味だ。もともとは福沢諭吉が明治維新前後の時代精神の激変を述べたものだが、言うまでもなく、人にそのような感慨を抱かせる出来事は明治維新に限ったことではない。一九四五年の敗戦を境に、それまでの軍国少年（青年・壮年・老年）が、自由と民主主義の徒として振る舞うようになった経験も、「一身にして二生」だろう。

敗戦の年に生まれた私のような場合、高度成長による列島史的な日本社会の激変は、十分に「一身にして二生」の資格がある。私が小学生時代の日本では、第一次産業従事者の割合はまだ四〇％を超えていた。産業革命の母国イギリスでは、とっくに一けたである。そう遠くない時期に日本もイギリス並みになると、誰が考えただろうか。高校進学率は全国平均でやっと五〇％を超えたばかりだったのだ。

すぐれた経済史学者である中村隆英《なかむらたかふさ》（故人）の表現を借りれば、明治いらい西欧社会に追いつき追いこそうと走り続けた目標が、日本人の多くがそれと気づかないうちに達成されたのが一九七〇年代のはじめなのである。[3] 私は長い間、この変化の大きさに比べれば、その後に来るバブルの時代も、失われた何十年もどうでもいいようなものだと考えてきた。しかし話はそれだけでは終わりそうもないのだ。

　少子高齢化という人類史的な趨勢は、福祉や社会保障という問題を超えて（それらも大事だが）、人間という存在のあり方そのものの問い直しを迫っている。人間とは何かという根源的な問いは、哲学者や人類学者の占有物ではなく、むしろロボット工学者によって鋭さを増しているかもしれない。[4] 私たちは、クルマを持つことが夢だった時代から、どの家にもクルマがあることがあたりまえの社会へ、さらにクルマを持つことへの関心そのものが失われる時代への変化を経験してきた。いまや、人類の叡智の結晶であったエンジンはクルマの心臓ではなくなり、そうなった時代を象徴する人物によって、少子化による日本消滅の危機を心配してもらう時代になった。[5]

　何が言いたいのかといえば、私の同時代史とは、「一身にして二生」を二度経験しているようなものなのだ。その経験を記述することなど手に余ると言えばその通りだが、しかし過去を知らなければ変化を感じとることすらできないだろう。現在をあたりまえだと思っている限り、何の問いも発生しない。本書のタイトルの意味は、それがどのような二度の「二生」であるかを確かめる出発点が「戦後」だということである。

　それでも、危険を承知で最初の一歩を踏み出すのはなかなか大変だ（面倒くさいなあ）。とりあえずの方法として、文字通り本を「読む」というやり方を採用したい。すべて再読である。

私はいわゆる読書家ではない。職業柄、文献調査として本を読む（大宅壮一ふうに言えば「見る」）ことは多々あるが、一冊の本をまるごと読むことははるかに少ない。しかし時に仕事か楽しみか境界が曖昧な本の読み方をする中で、思いもしない本が時代を照らし出していると感じることがある。うまいたとえではないが、後世の研究者に、その時代の日本社会を描くのならこれがいい史料になると教えたくなるような、そんな本に出くわすことがある。そのような本を読み直すことを通して、「戦後」を再考してみたい。

そこに多少の仕掛けがあるとすれば、かつて私が読んだ本をかなりの時間を距《へだ》てて再読することで、その間の時間的距離の測定を試み、それを通して私自身が生きた時代を歴史としてとらえ直す手法を探るという、かなり面倒でひねくれたものだ。そのために選んだ本は、私なりの判断として書かれた時代が反映されており、なおかつそれは私が同時代人として生きた時間に重なっているものであってほしい。つまり、原則として刊行時に読んだものであることが望ましい。そのときの皮膚感覚のようなものを、可能な限り思い起こしてみたい。少なくとも、そのことを意識しながら再読してみたいと思う。

なお、本書では原則として西暦を用いる。ただし、とりあげた本の著者の感覚を尊重すれば、元号を用いるのがふさわしい場合もある。そしてそれはしばしば私の感覚にも適合的である。たとえば、昭和十年代、二十年代、三十年代という場合がそれだ。本書で時に昭和が混在するのは、そのような理由からである。

【註】

1 米本昌平『叢書 死の文化4 遺伝管理社会――ナチスと近未来』(弘文堂、一九八九年)は、タイトルからは想像しにくいが歴史学方法論への重要な貢献である。過去という異文化への「参与観察」という卓抜な比喩は含蓄に富んでいる。絶版になったあと、再刊も文庫化もされないのは信じがたい。

2 『文明論之概略』(明治八年)の「緒言」で、少し前までは漢学を唯一の学問とした者たちが、こぞって洋学者に転じた状況を表現したもの。

3 中村隆英『昭和史』下(東洋経済新報社、二〇一二年)、七八一頁。

4 人文諸学に関わる者は、石黒浩の登場をもっと真面目に受け取り、震撼すべきだったのではないか。石黒の著書『ロボットと人間』(岩波新書、二〇二一年)の副題は「人とは何か」である。

5 イーロン・マスクの発言にどのくらいの深みがあるかは大いに疑問だが、まるでマンガのように状況を象徴する発言になっているのは、笑って済ませることでもないだろう。

# 第一章　私の教科書

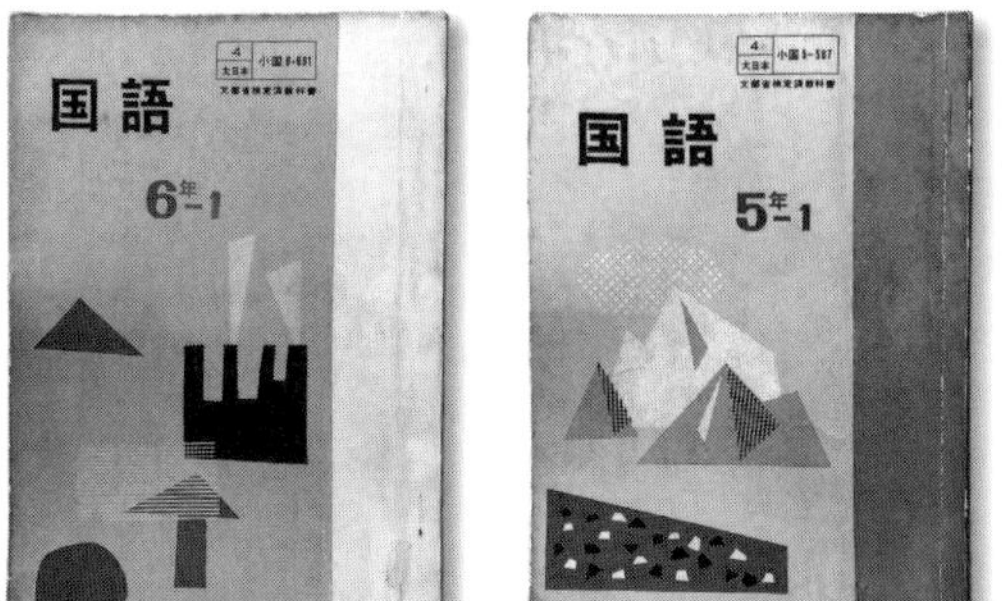


大日本図書『国語5年－1』（一九五六年）
『国語6年－1』（一九五七年）

## 【書誌】

大日本図書の小学校教科書『国語』は、昭和三十一（一九五六）年から刊行されている。ただし、本章で扱う「水」「はえのいない村」（以上『小学5年―1』）、および「ぼくらの村」「農業の機械化」「T・V・Aの話」「北上総合開発」（以上『小学6年―1』）は、昭和三十六年からは単元ごと全て姿を消している。

## 一　小学校教科書の記憶

最初に取り上げるのは、私が小学校の五、六年生のときに使った国語の教科書である。

もう三十数年前の古証文になってしまうが、「戦前の中の戦後と戦後の中の戦前」と題する短い論文を発表した。[1] その論文の書き出しを考えあぐねているときに、小学校時代の教科書のことを思い出したのである。あとから考えると、これを思い出したのは我が粗雑な脳みその珍しい手柄だと思う。教科書そのものを論文の素材にしたわけではないが、考えがほぐれる重要な手がかりになったのだ。今回はその後に調べた内容が中心になるが、教科書そのものを素材として考えてみる。

結論めいたことをあらかじめ述べてしまうと、私にとって「戦後」の読み直しとは、我が反「戦後」の確認だったということである。そして反「戦後」の対象である「戦後」とは、一度は私自身に深く内面化されたものであった。それ故に、反「戦後」に至る（獲得するというべきか）には、一九六〇年代末の、あの荒っぽく粗雑で稚拙な、しかし必死でもあった季節を経験する必要があったのかもしれない。

話が先走りすぎた。私の小学校教科書に戻ろう。右に述べた論文の冒頭で、当時の私としては思い切ったやり方だが、私的な回想から始めている。少し長いがそのまま引用する。

思い出そうとしているのは、昭和三〇年代はじめの小学校国語教科書に掲載されていた、二つの教材についてである（筆者自身はおそらく小学校五年生か六年生の時、昭和三一年か三二年にこの教科書を使ったはずだ）。タイトルは「蠅のいない村」と「TVAの話」であったと思う。前者は薬剤の散布や衛生思想の普及によって村の中から蠅を撲滅しようと奮闘する青年達の話である。この話は、自分たちの活動によって蠅が減ったと主張する青年達に「陽気のせいだよ、馬鹿馬鹿しい」と毒づくお婆さんが登場するが、彼女は非科学的な旧世代を象徴する重要な敵役なのである。私達の周りには、乾物屋や魚屋の店頭に蠅取り紙と称する粘着テープがつるされているといった環境があったから、教材の内容はリアリティをもっていた。というより私達の受け取り方から言えば、当たり前の話であった。後者は表題から容易に推察できるとおりの内容で、何分にも小学校国語という制約上、ニューディール政策の歴史的文脈は捨象され、もっぱら総合的・計画的自然開発の成果を謳いあげたものであったと思う。

この教科書に関して、教師の満足する感想文を書くにはどうすればよいかは、自明であった。生徒に期待されていたのが、環境汚染や自然破壊への危惧などでなかったことはいうまでもない。社会をよりよい段階へと発展させてゆく人間の進歩への揺るぎない確信と、それを支える合理的思考方法こそが正解だった。

この論文の意図は、私の小学校教科書が体現していたような、一般に戦後的なものと考えられている価値観が、実際には戦時期に成立していたことを明らかにすることであった。具体的には、合理性、計画性、共同性、社会化、日常性の重視などといった価値観である。それらが、戦前的なものや戦時的なものを否定した上に成立した、戦後的価値観の核心であるという通念に疑問を呈したものである。

こののち一九九〇年代に、社会的システムや価値観のレベルにおける戦中・戦後の連続説が隆盛を極めることになるのだが、この論文は比較的早いものだったと思う。私の論文の中では割と引用されることが多かった。この論文は課題の配置に関するスケッチにとどまっていたのだが、私自身はその後、通史を書く中でわずかに膨らませたに過ぎず、自ら課した課題に包括的に答えてはいない。[2]

だが、出し遅れの宿題は今回の主題ではない。ここでの主題は、「はえのいない村」(平仮名が正しい)や「T・V・Aの話」(中グロ点があるのが正しい)が掲載されるような小学校教科書のバックグラウンドである。論文執筆時は、どの教科書にもある、ありきたりの教材と考えていた。それは必ずしも間違いではないのだが、この教科書の場合はそれ以上の特別な背景があるらしいのである。

論文を発表した時点では記憶に頼って書いていたのだが、その後調べてみて、タイトルから内容までそれなりに正確なので、じつは驚いた。ハエを駆除する活動の主体は青年というより小学校の児童であり、毒づいたのはおばあさんではなく児童の母親の一人、台詞も「陽気のせいだよ。ことしはどうかしてるんだ」が正しいが、この程度なら三十年以上を距てた小学生時代の記憶としては、まあ正解の範囲内ではないか。よほど強く刷り込まれていたのだろうと思う。刷り込まれるにあたっては、単に朗読させるだけではない教育技法があったのだが、それについては後述する。

いずれにしても、読み直して改めて感心してしまうほど「戦後」教育を体現した教科書がここでの主題である。

## 二　私の中の「戦後」的なるもの

「はえのいない村」は大日本図書株式会社発行の『国語5年－1』に、「T・V・Aの話」は同じく『国語6年－1』に掲載されたものである。[3]「はえのいない村」を含む単元は「新しいものへ」となっており、ほかに「おかあさんの仕事」、「水」(詩)という教材が含まれる。「T・V・Aの話」を含む単元は「国土を開く」である。ほかに「ぼくらの村」(詩)、「農業の機械化」、「北上総合開発」で構成される。単元と各教材のタイトルを見ただけで導こうとする方向が想像できる、その意味ではよくできた教科書である。

すでにふれたように、この教科書は私がはじめに考えていたよりずっと特徴的な、興味深い成り立ちの教科書である。そのことを考えるには、「はえのいない村」と「T・V・Aの話」に加えて、もう一つの重要な要素である二つの詩を紹介する必要があるのだが、その前に「T・V・Aの話」

についても概略を見ておく。

　これは冒頭から用語法がすごい。かつての暴れ川であったテネシー川が、今では「完全に民衆に仕える川に変わった」（傍点引用者、すごいでしょ！）というところから始まる。ＴＶＡによる資源開発が始まって十六年、二十一のダムが電力を供給し、銅の精錬所による伐採と鉱毒で見るかげもなくなった禿《は》げ山は、いまや植林と鉱毒除去によって「豊かな美しさ」を取りもどしている。この話の極めつけは、恐慌で没落したある町にやってきた、ＴＶＡ理事長リリエンソールによる説得だ。

　リリエンソールは訴える。自分は介入しに来たのではなく、道具を手渡しに来ただけだ。資源開発の原動力は幸福と繁栄を願う民衆であり、開発は民衆のために民衆の手でなされるべきだ。リリエンソールの説得に動かされた人々によって、やがて町の人口は二倍に増え、学校、電気、水道などのインフラも飛躍的に整備される。登場人物の口を借りて教科書は語る。ＴＶＡの最大の意義は、人々の考え方に変化をあたえたことである。「自然を人間に従わせる」ことによって、力の限り働けば素晴らしい暮らしができると人々が確信したことである、と。

　決めるのは民衆である。素晴らしいと感じた先生方はたくさんいただろう。しかし決めるべき結論は、実はすでに与えられているのだ。そちらに力点を置けば、リリエンソールの演説に対する評価はかなり異なることになる。民衆に従う自然！　私のようなオールドタイマーなら、ソヴィエト連邦のスローガン「自然改造」を思い起こすかもしれない。それにしても、現実のＴＶＡの開発から私の教科書まで、たった十六年しか経っていないことに、いまさらのように驚いてしまう。

　ＴＶＡの次に「北上総合開発」が続く。教科書には北上川《きたかみ》総合開発を説明する絵地図がついてい

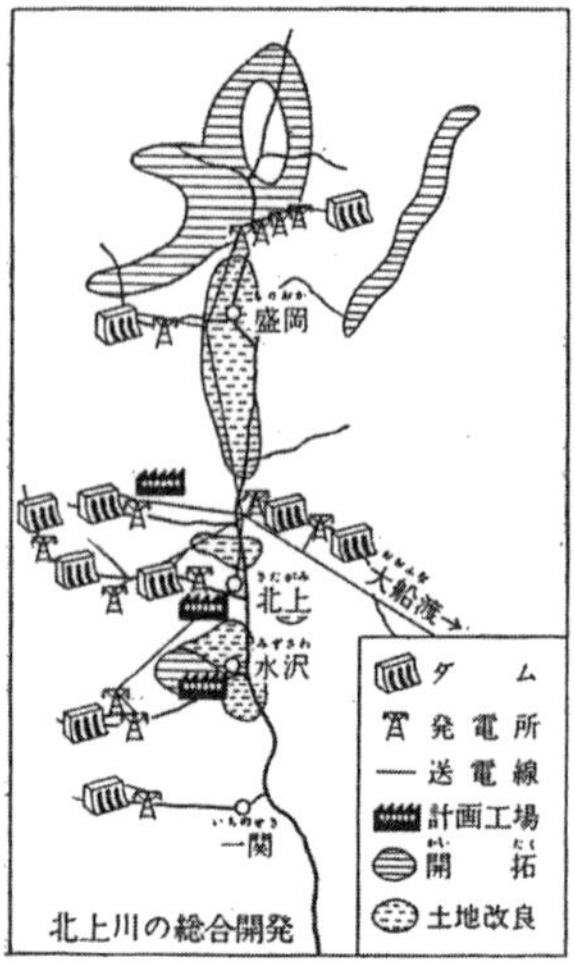


**北上川総合開発を説明する絵地図**（大日本図書『国語５年－１』より）

るが、数えてみるとそこには十個のダムが描かれている。日本人のほとんどが、ダムこそが正義であることを一ミリも疑っていなかった時代なのだ。北上川総合開発計画の根拠となった国土総合開発法（一九五〇年）は、眠っている国土の力を呼びさまし、人々の生活水準を引き上げるのが狙いだと説明されている。[4]

先行する一九四六年着工の石淵《いしぶち》ダムは治水・農業水利・発電のいわゆる多目的ダムである。日本がどん底の時期、セメント不足を補うために石造された巨大ダム。教科書はこれぞ「日本敗戦の記念塔」であり、生きんとする「日本民族の意志の固まり」と語る。私にとっては何の注釈も要らないことだが、当時にあってこのようなナショナリズムを鼓吹した集団の一つは日本共産党である。

概略と言いながら長くなったが、先に重要と述べた二つの詩に戻りたい。「水」（五年生）と「ぼくらの村」（六年生）である。現在はどうか知らないが、どうも小学校の教科書というのはアノニマスでなければいけないという拘束でもあったのだろうか、「水」も「ぼくらの村」も作者名が明記されていない。しかしこれらは、いずれも大関松三郎《おおぜきまつさぶろう》の詩集『山芋』に収録されたものである。「ぼくらの村」については知らなかったが、「水」ははっきりと松三郎の作と教わった記憶がある。

同時に『山芋』という詩集の存在も教わったと思う。「水」という詩は次のようにはじまる。

大きなやかんを
空のまん中まで持ち上げて、
トックン　トックン　水を飲む。
トックン　トックン　トックン　トックン、
のどが鳴って、
ニョロ　ニョロ　ニョロ、冷たい水が、
のどから、むねから、いぶくろへはいる。

そうだった。鮮やかに蘇るのだが、私にとって大関松三郎は「トックントックン」なのだ。よくこんな表現を思いつく。君たちと同じ小学生の詩だと言われて、素直にすごいなと思った。私は成績のいい子だったが、大関松三郎は、そんな教室内の評価基準をはるかに超えた、別次元の存在のように思えた。もう少し引いてみる。

どうしてこんなに水はうまいもんかなあ。
こんな水が何のたしになるもんか知らんが、
水を飲んだら、やっとこしがシャンとした。

ああ、そらもたんぼも、
すみからすみまでまっさおだ。
お日様は、たんぼのまん中に、
白い光をぶちまけたように光っている。
遠いたんぼでは、しろかきの馬が、
バシャッバシャと水の光をけ散らかしている。
植えたばかりのなえの頭が、風にふかれて、
もう、うれしがってのび始めてるようだ。

さっき飛んで行ったかっこうが、
森で鳴き始めた。

目に見えるような躍動する自然の描写、その中に浮かび上がる労働の喜び、全体の起承転結、そして何よりも、シンプルだが全体を特徴づける「トックントックン」というリズム。まさに天才少年の詩である。君たちにも書けると言われても(教師はそんな無責任な言い方をしたのだ)、さすがに信じる児童はいなかったのではないか。

もう一つの詩、六年生で習う「ぼくらの村」はどうだろうか。こちらは「水」ほどはっきりとした印象は残っていなかった。読み直してみて、ああそうだそうだ、こんな詩があったと思い出す程

度だ。全体で一〇七行に及ぶ長詩である。改行が多用されているので、教科書ではじつに八頁に及ぶ。散文詩のようにも見える。

「ぼく」がスイッチを入れ、トラクターが動き出すところから、この詩ははじまる。この村は機械化されているのだ。耕地は整理され広大だ。果樹栽培や酪農など多角経営がなされ、農産物の加工工場も持っている。病院は無料、村の仕事は計画に従って規則正しく行われ、午後は労働から離れて自分の好きなことができる。

組合主義的な共産村とでも言えばいいだろうか。それを理想の村として描いた詩である。日教組批判の好餌《こうじ》になりそうな教材だ。終わり近くでは次のように謳いあげられる。

こういう村はないものだろうか。
こういう村は作れないものだろうか。
いや、作れるのだ。作ろうじゃないか。
君とぼくとで作ろうじゃないか。
君たちとぼくたちとで作っていこう。

さすがにこれは、いま読むと本当かよと思う。本当に小学生が書いたのか。当時は全く知らなかったが、じつは『山芋』には、本当に松三郎が書いたのかという大きな声では言えない疑念が、当初から一部にささやかれていたらしい。[5] 小学校ではそういうことは教えない。その問題はあと回しにするとしても、実際に私たちは、大関松三郎や『山芋』に関する周辺的な知識をあまり与えられていなかった。ただしこれは、教師の知識や教え方に左右されるのかもしれない。

たとえば私だけではないと思うが、大関松三郎は少なくとも私たちとあまり変わらない、同時代の小学生だと思われていたのではないか。よく考えれば小学生の詩がすぐに教科書に載るわけはないので、同時代人であるはずはない。実際の大関松三郎は一九二六年に新潟県の農家に生まれ、敗戦の前年に戦死している。

もしかしたら教師は説明したのかもしれないが、少なくとも私は長い間、全く異なる時代の人とは思っていなかったし、ずっと以前に亡くなっているとも思わなかった。そう思い込んだについては、あながち小学生の単純な思考回路の問題だけではないと思う。教科書を読んでいた昭和三十年代はじめの農村風景のリアリティは、大関松三郎が詩を書いた時代とあまり変わっていないという重要な事実を忘れてはいけないのである。

念のために申し上げるが、田植えは人力である。そんなことはあたりまえだ。これだけは機械化できないと誰もが思っていた。だからこそ田植え機は大発明なのであり、農業機械の中では最も後発になるのだ。

同じ単元の「農業の機械化」は、日本農村の後進性が機械化を阻んでいること、それを打ち破るにはどうすべきかを教えていたが、当面の方策として述べられているのは牛馬耕なのだ。これでは明治時代と変わらない。大人も含め多くの日本人の感覚では、日本の農村にトラクターが入るなんていつのことやらというのが、正直なところだったはずだ。

## 三　大日本図書版小学校国語の来歴

私の教科書を読み直しの最初に持ちだしたのは、私自身に刷り込まれた「戦後」的なるものを確認するためである。ここまで書いてきてようやく、私の「戦後」を構成するピースがすべて揃ったことになる。国土計画的なもの、身近な改革がもたらす進歩への確信、そして綴方《つづりかた》教育的なものである。綴方教育的なものについて補足すれば、自分の身近な現実に目を向け、それをありのままに表現し、そこから問題を発見することの重要性を教えることである。それらをつなげるリングを捕まえるためには、教科書そのものの成り立ちにもう一歩踏み込む必要がある。さしあたりの手がかりを、教科書の編纂関係者に求めてみよう。

奥付にあげられた関係者は以下の通り。麻生磯次《あそういそじ》（東大文学部長）、服部四郎（東大文学部教授）、周郷博《すごうひろし》（お茶の水女子大学教育学部教授）、今井誉次郎《いまいたかじろう》（肩書きなし）、以上が監修、巽聖歌《たつみせいか》（肩書きなし）、中村晋《なかむらすすむ》（東京都中央区立日本橋城東小学校教諭）、野口茂夫（同鉄砲洲小学校教諭）、菱沼太郎（千代田区立淡路小学校教諭）、宮野二郎《みやのじろう》（江戸川区立小岩小学校教諭）、横山トミ（肩書きなし、漫画家横山隆一の妹で童話作家）、以上が編集である。

ほかに表紙・挿絵として七名の名があげられている。五年生も六年生もほぼ同じである（編集関係者はまったく同一）。東京のど真ん中みたいな小学校の先生が多いのが、時代を感じさせて非常に興味深い。少子化のいまと違って、そういうところに子どもがたくさんいたのだ。

この顔ぶれにどのような意味があるのか。大学の先生はとりあえずおいておこう。国文学と国語学と教育学の大家が国語教科書の監修者を務めるのに不思議はない。この教科書を特徴づけるのは、今井誉次郎、巽聖歌、野口茂夫といった人たちである。

今井誉次郎（一九〇六～七七年）は、さまざまな流れが錯綜する戦前・戦中・戦後の生活綴方運動の結節点に位置する人物だ。岐阜県の生まれで岐阜師範学校二部を卒業、一九三〇年に岐阜女子師範附属の小学校を辞めて上京、雑誌『綴方生活』などの編集に携わるかたわら、創作童話を書いた。一九三二年から小学校の現場に復帰し、戦後は一九五二年に退職するまで都下西多摩郡の小学校で社会科の重厚な教育実践を続けた。この時期の教育活動は高い評価を受け、視察が相次いだらしい。著書『農村社会科カリキュラムの実践』（牧書店、一九五〇年）は毎日出版文化賞を受賞している。また民主主義教育研究会、教育科学研究全国協議会で活躍するとともに、日本作文の会（一九五二年設立）の終身委員長に推されている。[6]

教科書の編者の一人、鉄砲洲小学校の野口茂夫はこの日本作文の会の中央委員を務めている。[7] そもそも今井と野口は生活綴方運動を通して長い付き合いがあり、盟友のようなものである。今井が上京後に参加した『綴方生活』や学年別の『綴方読本』では、小砂丘忠義《ささおかただよし》や野村芳兵衛といったリーダーのもとに、編集に携わりながら童話や童謡の作家として活動していた青年たちがおり、野口もその一人だったのだ。

今井はまた教員に復帰したのち、戦時期の国民学校時代に、浅草国民学校の教員であった長谷健《はせけん》と共編で『先生の童話』（四海書房、一九四二年）を刊行しているが、[8] それにはさきにあげた教科書の編者の一人、宮野二郎も作品を掲載している（当時は四谷第五国民学校在職）。

巽聖歌についてはどうか。巽は北原白秋門下の児童文学者であり、その意味では生活綴方運動が批判した童心主義の系譜に属する。しかし、児童文学者でプロレタリア児童文学以来の活動歴を持つ菅忠道《かんただみち》が、次のように評価している点は興味深い。[9] 菅によれば、白秋門下の中にも童心主義、児童中心主義を乗り越えて、「知性とか、あるいは社会性とか」を追求した童謡詩人がおり、その代表的存在の一人が巽聖歌である。

このように見てくれば、そしてそこに大関松三郎の指導教員だった寒川道夫《さがわみちお》を加えれば、私の教科書は戦前からの綴方教育や生活綴方運動の戦後における正統な継承者に見えてくる。実際に運動の中心人物の一人として知られる国分一《こくぶんいち》太郎《たろう》は、「［今井が］中心となって編集した大日本図書の国語教科書は、綴方教育の成果を、文学や科学の作品とあわせて、大きくとりいれた点で評判になった」と書いている。[10]

そうか、評判になるほどだったのか。私の教科書はそういう文脈で、やはり特別な存在だったのだ。私はこの一文を見て得心がいった。

いまさらのようだが、そもそも生活綴方運動とは何だったのか。周知のように、綴方が初等教育の手法として注目されるようになったのは、鈴木三重吉の主宰する児童文学雑誌『赤い鳥』（一九一八～三六年）によってである。投稿された児童の作文や詩が鈴木三重吉や北原白秋の選評とともに掲載される。とくに三重吉の評は、それまでの定型的な行事作文や自然描写を否定し、子ども自身の感覚がとらえた現実のリアリズム的描写を評価するものであった。『赤い鳥』綴方は、自由画などとならんで大正期新教育を象徴する存在となった。

このような『赤い鳥』綴方のリアリズムを継承しつつ、その鑑賞的態度を批判して、より現実の生活を直視する中で問題を発見し、考えさせる教育手法が生活綴方である。担い手となったのは小学校教師で、その多くは自身も童話や詩の書き手であった。彼らの多くは地方の師範学校出身で、キャリアの初期に昭和恐慌に直面している。中には、明白な左翼雑誌と目された『新興教育』(一九三〇年創刊)の読者もいただろうが、指導的存在だったのは今井誉次郎らが参加した合法左翼的な『綴方生活』であり、昭和十年代には、東京池袋の児童の村小学校(私立)の機関誌的な『生活学校』がそれを引き継ぐ役割を果たした。

地方の教師たちによって各地に数多くの研究誌や文集が生まれ、その交換を通して生活綴方運動は一大ムーブメントとなっていく。とりわけ注目を集めたのが東北や北海道の教師たちの運動である。一九三〇年に秋田の綴方教師たちが創刊した『北方教育』は代表的な存在である。東北・北海道農村の「後進性」への問題意識から、彼らが主張した「北方性教育」は綴方教師の全国的な注目を集め、彼らのネットワーク的な合流点になった。

最終的に生活綴方運動は、一九四〇年二月の村山俊太郎《むらやまとしたろう》(山形)の治安維持法違反容疑による検挙にはじまり、翌年一月の北海道綴方教育聯盟関係者の大量検挙によって沈黙させられたと語られることが多い。しかしそれは他の社会運動全般に共通する、戦後ある時期までの通説であった運動史的な史観である。現実には、生活綴方運動的なものは戦時期においても装いを変えて展開されており、担い手の多くも沈黙の中に冬眠していた訳ではない。

新たな展開の一つは、大政翼賛会成立につながる近衛新体制運動の中で、活躍の場所を獲得した教育学者との関係である。東京帝大出の心理学者、教育学者である城戸幡太郎《きどまんたろう》、留岡清男《とめおかきよお》、阿部重孝、宮原誠一《みやはらせいいち》らは、一九三七年に教育科学研究会を組織し、雑誌『教育科学』(岩波書店)を拠点に活動した。同時に近衛文麿のブレーンといわれた昭和研究会にも参加し、さまざまな教育改革の主張を展開していった。その主張は戦後の教育制度改革につながっている[11]。

この『教育科学』の編集者として活動したのが、左翼的な児童文学運動に関わった経歴をもつ菅忠道である。菅は一九〇九年の生まれだから、寒川道夫(一九〇九年生)や国分一太郎(一九一一年生)と同年代である。五高時代に童話研究会に参加し、東京帝大ではセツルメント運動を通じて学外の社会運動に関係する。新興教育研究所所員、全国農民組合東京府連の書記などを務め、一九三三年に検挙され半年間の拘留のあと、郷里に帰る。日本共産党員の大量転向の年である。札幌の親元にいる間も東京のセツルメントや児童文学運動とは関係を保ち、一九三六年に就職運動のため上京したさい訪ねたのが、昭和十年代の生活綴方運動の拠点誌ともいうべき『生活学校』を編集していた戸塚廉《とづかれん》である。このような人間関係の中で、菅は『教育科学』担当の編集者となる。

教育科学研究会の教育学者と綴方教育の実践家との関係は微妙であり、城戸幡太郎らによって行われた『北方教育』系の綴方教育批判には反撥する現場教師もいた。しかし翼賛体制期にあって、時局的な綴方指導に転換していた教師たちは、教育科学研究会を中心とする教育運動の裾野に、ゆるやかに統合されていった。

その教育現場での時局協力が、戦時下における生活綴方運動のもう一つの延命法である。綴方教育の実践家たちは、多くが戦後の民主化の中で主役として再登場するため、戦時期の活動は当事者によって率直に語られることがほとんどない。しかし歴史叙述において、あったことをなかったことにするわけにはいかない。

国分一太郎は一九三九年に軍属として南支派遣軍報道部に勤務し、ルポルタージュ的な児童読物『戦地の子供』を刊行した（中央公論社、一九四〇年）。その頃まだ戦地にあった火野葦平《ひのあしへい》の序文によると、国分は児童詩誌『工程』『綴方学校』によって指導者的立場にあった百田宗治《ももたそうじ》（すでに転向していた）の紹介状を持って火野を訪ねてきたという。国分のルポは、表題通り広東や広州の貧しい子どもたちの表情を丁寧に伝えている。かなり誠実に綴方教育の経験を生かしたと言えるが、それは裏返せば、生活綴方的手法が宣撫《せんぶ》工作に応用可能であったということでもある。

秋田師範の出身で、『北方教育』の母胎となった北方教育社設立時（一九二九年）からの同人であった滑川道夫《なめかわみちお》は、『少国民詩集　御民《みたみ》われら』（講談社、一九四二年）を編んでいる。講談社の『少年倶楽部』誌上で募集した作品から選んだものが「高千穂の朝」「かちどきの歌」などの七章にまとめられている。滑川は「あとがき」で、「少年ながらも戦ふ日本の一人として、毎日大東亜戦争を戦つてゐるのです」と、少国民に語りかけている。

戦後になってこれらの戦時言説をなかったことにしたかった事情は理解できる。しかしそうすることは、結局は生活綴方運動の意味を検証しにくくしてしまうのである。ここでいう検証とは、日常生活をありのままに書くことが良心的な教師たちに広範に支持され、それが戦後初期に再び昂揚したことの根拠を考えるという意味だ。

そう考えたとき、国分一太郎が戦地の子どもたちに向けた眼差《まなざ》しは、戦前から戦後を貫く生活綴方的な思考方法は戦時期も含めて一貫したものがあるという意味で、比較的理解しやすいものである。そう考えることは、宣撫活動にも応用できるということと背反しない。むしろ背反しないというところから出発することで、戦後における綴方教育的なものの位置を測定することが可能になると思う。

それでは、戦前戦後を通じて生活綴方運動の中心に位置し、戦後も都下とはいえ農村部で苦闘し、私たちが使った教科書をまとめ上げた今井誉次郎の場合はどうか。

今井が長谷健と共著で出した前述の『先生の童話』には、今井も長谷も創作童話を寄稿している。その中で今井の「菊の花」と題する童話は、いま読むとかなり衝撃的である（当時の読者が衝撃を受けたかどうかは別だ）。

舞台は満洲事変で失明した父と母、小学生の姉弟で構成される家族の日曜日である。そこにかつての戦友が仏印からの一時帰国で訪ねてくる。このおじさんも子どもたちに親切だ。和やかな食事のあと、戦友の軍刀に話が向けられる。「それで何人切ったかね」という父の問いに、戦友は三十一人だと事もなげに応じ、笑いながら「一ふりで、首がころっと落ちるのです」と語る。最後は弟が、少年航空兵になってアメリカの軍艦を沈めると語るところで終わるのだが、そこにはもはや、子どもたちの日常生活の学びから社会的主体を形成するという、かつての生活主義と戦時体制を結ぶかすかな赤い糸すら見分けられないではないか。

「お母様方へ」と題された序文には、国民学校の発足に際して外形的な改革面を見るだけでなく、「より高く純粋な精神を求めてゐる一面」を知ってほしいと述べている。これを時局便乗ととらえたのでは、戦後への流れが切断されてしまう。その点では、転向の中に「抵抗」の要素を無理やり見出そうとする強弁も同様である。

プロレタリア児童文学をやっていた人々が、転向時代に活路を求めたのが「生活主義童話」「集団主義童話」というジャンルだったらしい。[12] 流れとしては理解できなくもない。しかし活路を求めてというのは、やはり言い訳である。もっとマズいのは次のような合理化だ。大関松三郎の教師であった寒川道夫は、自身の経歴をふまえて戦時期の児童文学を次のように説明している。[13]

高田師範学校卒の寒川が新潟県中部の山村で教職に就いたのは一九三〇年、二年後に穀倉地帯の純農村である黒条《くろじょう》村に転勤する。『山芋』を生んだ綴方教育の舞台である。小林多喜二の「不在地主」(『中央公論』一九二九年十一月号)が出たとき、「ぼくらの文学はこれだ!!」と思ったという寒川は、黒条の高等科二年生に読み聞かせる。その結果、「彼らの生活を綴り方に描き出す角度や深さが、ぐんとリアルになった」と書いている。

その後、「生産場面」を書くということを綴方で強調してきたのだが、日中戦争の進行で戦争協力のための増産が強調され、百八十度転換を強いられ苦しくなる。そこに登場したのが「集団主義」であるが、寒川はなんとそれを「万国の労働者よ団結せよ」の応用だという。「いざという時に働く者の同志感が燃え上がって結合するように」だそうである。

苦労された方には申し訳ないが、これはいわゆる生産力理論を偽装転向と強弁するよりたちが悪いと思う。寒川は、イリーンの著作をしっかり読ませておくことが「氷河期のプロレタリヤの隠忍すべき事だと考えた」とも述べている。

岩波少年文庫のイリーン『人間の歴史』は、私が子どもの頃、進歩的な教師や親が勧める必読書の常連だった。いまやどの読書リストにも残っていないだろう。過去を合理化しようとするそんな言い訳は、時間が経てば底が割れてしまうのだ。未来永劫有効な通行手形など存在しないと自戒したいものである。

綴方教師が転向を経て戦後すぐに再起できたのは、単なる変わり身の早さだけではないだろう。彼らに限らず日本の知識人全体が、日本農村の抜きがたい後進性が持続していると考えていたからである。それは開戦・敗戦の構造的な原因を日本社会の封建的「遺制」に求める知的世界の風潮とあいまって、むしろ強化されたと言えるだろう。そんな中で今井誉次郎の戦後のいとなみは、今日の目から見ると示唆的というよりはむしろ悲劇的であるかもしれない。

戦後の今井が主として活動した教科は、戦後の民主化で新設された社会科だ。その社会科について、著書『村に生きる教師』(国土社、一九五三年)の「あとがき」は次のように述べる。

「国じゅうのほとんどが無国籍の社会機能を扱うアメリカ流の社会科にまよわされていた時、わたしたちは日本の独立のための課題を扱う社会科をとなえて実践しました」

いまの若い人には理解しにくいかもしれないが、このような反米ナショナリズムは、日本共産党をはじめとする戦後革新派の中で、GHQによってもたらされた戦後改革と共存していたのである。そのような時代の空気の中で実践された社会科の記録が『農村社会科カリキュラムの実践』であり、前述のように毎日出版文化賞を受賞し、西多摩郡の小学校に視察が相次いだ。

しかし『村に生きる教師』の「あとがき」には、次のようなペシミスティックともとれる反省が見られる。今井によれば、「実践」は職員の一人一人に充分に徹底しなかった。それだけではない。今井の精力的な教育実践と、その記録とも言える著述活動は、村のためにどのくらいプラスになったかといえば、予想にはるかに及ばなかった。一部の読書家や教養人には喜ばれたかもしれないが、「書物になじみのうすい村の人たちにとっては、馬の耳に念仏」であり、子どもたちについても「ほんの一部のこどもをうれしがらせただけ」だった。

今井の自省は、著作や講演で村人を啓蒙することに大きな期待をかけていたのは「おろかなこと」だったというところまで進む。今井は自ら省みて行き方を変えたわけではない。今井は実践によって、「封建的どころか、もっともっと古いもの」さえ残っている現実を再認識したのである。今井の実践は、「古い古いものから近代的なものに至る何百年もの間のもの」が、「しっかりと生活にむすびついて現存している」、その底深さを測定したようなものだ。

今井の実践と反省が誠実なものであることは認めるべきだろう。だがそれは同時に、「生活にむすびついて現存」する近代以前の「古い」ものを破壊したもの、すなわちその後の社会変動の巨大さを証明するものでもあるのだ。そのように考えると、今井の戦後にはこじつけの「転向と抵抗」史観よりはるかに汲むべきものがあるのかもしれない。

しかし『村に生きる教師』が、本人が言うように、そのような現実に立ち向かった記録だとすれば、私の教科書はその改訂最新版だったのだろうか。それにしては、つまり生活の中に根を下ろした「封建的どころか、もっともっと古いもの」との格闘《かくとう》を経たものにしては、あまりにあっけらかんと戦後啓蒙といわれるものを塗り直したに過ぎないように見える。では戦後農村を変えたものは何か、あるいはその結果としての現在をもたらしたものは何かと問えば、それは私たちの教科書による啓蒙ではないのである。

## 四　抗争する「戦後」

私は裁判官でも検事でも弁護人でもないはずだ。しかし書いているうちに、告発調にはなっていないと思うが、どうも道幅を狭くしているようにも思える。本来の意図は、昭和三十年代の私に作用していた力はさまざまな方向からのもので、複雑多様だということなのだ。

本音を言えば眉間《みけん》に皺《しわ》など寄せず、高みの見物を決め込んでそんな力学を面白がらないと、いま再考する意味はないとすら思う。ともあれ当初の意図を思い出すために、最後に多少の軌道修正を試みたい。

①映画とテープレコーダー

ふたたび「はえのいない村」に戻る。私は単に脚本仕立てとしか記憶していなかったが、あらためて教科書に対面してみると、正確には映画の脚本（シナリオ）仕立てだったのである。頁の上下にはカメラを通して見たフレーム状の枠取りに挿絵が描かれ、ところどころにF・O（フェードアウト）、F・I（フェードイン）、WIPEなどといった、註を付けられても当時の小学六年生には何のことやら分からないト書きがついている。じっさい私も全く記憶していなかった。

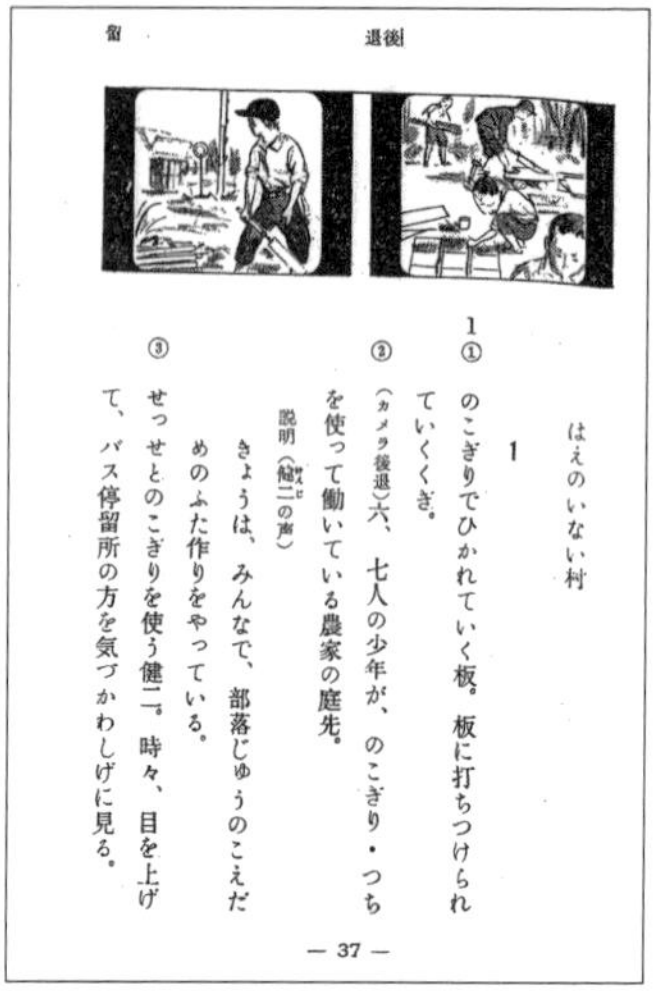
はえのいない村

1

1 ① のこぎりでひかれていく板。板に打ちつけられていくくぎ。

② （カメラ後退）六、七人の少年が、のこぎり・つちを使って働いている農家の庭先。

説明（健二の声）

きょうは、みんなで、部落じゅうのこえだめのふた作りをやっている。

③ せっせとのこぎりを使う健二。時々、目を上げて、バス停留所の方を気づかわしげに見る。

— 37 —

**「はえのいない村」冒頭**（大日本図書『国語6年－1』より）

なぜとくに必然性もないのに（普通の脚本形式でも充分だろう）シナリオなのか。参照された映画があったからである。私の推測だが間違いないと思う。意識されていたのは、明らかに岩波映画の「はえのいない町」である。あるいは併せて映画を鑑賞させることも意図されていたのではないか。

そもそも戦後の教育映画は学校教育と連動していた。GHQ・CIEの民主化政策と、戦前・戦中期から連続する関係者の複雑な利害が絡まった中で成立したものである。視聴覚教育を推進する文部省と、城戸幡太郎、宮原誠一など教育科学研究会の流れを汲む研究者、東宝、日本映画社、理研映画、岩波映画などの制作者側、そして学校現場を繋ぐメカニズムが成立していたのである。[14]

「はえのいない町」（岩波映画、村治夫監督、一九五〇年）は十数分の短編である。岩波書店発売のDVD『日本のドキュメンタリー』シリーズに収録されているので、いまでも比較的容易に見ることができる。「社会科教材映画大系」シリーズの一本であり、翌年文部大臣賞を受賞したものだ。「社会科教材映画大系」は、「教育界の指導者、教育映画の業界団体、映画教育に従事する教員組織、そして教材である映画の製作を担当する短編映画業者たちの協同組合による合同プロジェクト」として企画され、教育現場への普及が図られた教材映画のシリーズだという。そしてその大系の中で最も高く評価され、最も多く見られたらしい[15]。

ただ私見によれば、いま見直してみてもそれほど映画として面白いとは思えず、出演している児童は脚本に従って動作しているだけにしか見えない。そもそもナレーションと音楽以外の音声はないのである。教室の内と外（社会）をつなぐ子どもたちの行動という設定が評価されたのだろうか。羽仁進《はにすすむ》が脚本に参加しているが[16]、羽仁の名を高からしめた「教室の子供たち」（岩波映画、一九五五年）の躍動感などどこにもない。などと悪口を並べたが、教育におけるメディアミックスみたいなものが成立していたことは、いちおうは事実である。

私自身はといえば、おそらく見たのだと思うが記憶にはない。だから映画と相まって刷り込まれるという効果はなかったのだと思う。それよりも、刷り込みのテクノロジーとして圧倒的だったのは、テープレコーダーだと思う。戦後のモノ作り日本の象徴たるソニーのテープレコーダーである。

ソニー（当時の社名は東京通信工業）が最初に成功した一般向け商品がテープレコーダーだったことはよく知られている。井深大《いぶかまさる》がＮＨＫでＧＨＱの持ち込んだテープレコーダーの実物を目撃して、進むべき道はこれしかないと決心した話は、井深自身によって、あるいはさまざまな井深伝説の中で語られている。井深の衝撃は、こんなものを発明する国と戦っても勝てるはずがないという種類のものだった。[17]

最初に商品として出したG型と呼ばれるものは重さ十五キロ、定価十七万円、次に企画したトランク型の八万円ばかりのものは、最初から小学校の視聴覚教育をねらったもので、「三年ぐらいの間に日本の小学校の三分の一以上が一台ずつ持つようになった」という。[18]井深は一九五二年に最初の渡米を果たすが、彼の地ではレコーダーの使用例として語学教室以外にあまり見るべきものはなく、「特に小学校などでは日本の方が高度な使い方をしていた」とも述べている。[19]

井深が小学校に売り込んだのはG型を小型化したH型だろうか。武田徹によればH型は十三キロ、価格も八万四千円だった。テープレコーダーはCIEと文部省、NHKというつながりの中で学校教育に導入された。CIEは視聴覚教育に力を入れはじめ、NHKが放送教育研究会を設けて学校向け放送番組の開発をはじめていたのである。

社員ではないが東京通信工業の販売面を担当していた倉橋正雄《くらはしまさお》が文部省とNHKに働きかけ、学校向け放送番組を録音する機材としてH型の納入を進めた。そのために、録音教育研究会を作って現場の教師を集め、現物のデモンストレーションを行う普及啓蒙活動にも努めたのだという。[20]

このような歴史的経緯を知ってみると、はじめて納得できることがある。私がテープレコーダーの実物を最初に見たのは、おそらく小学校三年生のとき（一九五三年）である。放課後残っていた子どもたちを集め、担任の先生が重い機械を運ばせた。男の子数人がかりだ。おそらく先生も子どもたちの前での初演だったと思うが、フルートを吹くときのように唇を薄く開いて、マイクロフォンに何度か息を吹きかけた。再生してみると、なんとザザーっと浜辺に打ち寄せる波の音になっているではないか。まるで手品でも見せられたように、すごいなと驚いた。

この先生は子どもたちにとても人気があったが、私も含めてその場にいた全員はさらに尊敬の念を深めた。先生は間違いなく、教育利用のための研修を受けてきたのだと思う。

その後、率先して研修を受けるほど熱心ではない先生も、普通に使うようになった。といっても、シナリオ仕立てになっている国語の教材を、放送劇ふうに役を割り振られた児童が朗読して録音し、再生して皆で聞くというだけだ。それでも単なる朗読より緊張感を持って教材に向き合うし、交代でやれば多くの児童が出演者になれる。その結果が、三十数年を距てて、「はえのいない村」のほぼ正確な記憶の復元に繋がったのではないか。とはいえ、これが井深大の言うアメリカより「高度な」使い方なのだろうか。そんな大したものかね、という気がしなくもない。

いずれにしても、今井誉次郎に見られた日本共産党系の反米ナショナリズムがあったとしても、大日本図書の小学校国語はGHQの民主化政策と手を携えており、それは同時に文部省や日本放送協会とも連動していた。しかしそれらを最も効果的たらしめたのは、東京通信工業の技術開発と営業努力だったのではないか。戦後のアメリカナイゼーションは多方面に及んでおり、しかも一本調子のものではないのである。戦時期との連続性ばかりを強調するのはいかがなものかと、自戒を込めて思う。

なお出来すぎのようだが、東京通信工業のソニーへの社名変更は、私が小学校を卒業する一九五八年である。私たちはそうと自覚していなかったが（あたりまえだ）、社会の変動ははじまっていた。

## ②ＴＶＡという記号

戦後日本においてＴＶＡという記号は、もちろん教科書の中だけのものではない。日本各地で河川改修・ダム工事の呼び水として錦の御旗だったのではないか。そして研究者になった私はＴＶＡと思わぬ再会を果たすことになる。宮崎県史の編纂事業に関わり、そこで戦後の通史を書くに際してのことである。

名だたる災害県であった宮崎県にとって、河川の制御《せいぎょ》と水資源開発は歴史的悲願であった。戦後においても、早くも一九四八年の県議会で、戦時期に開始された発電所建設の工事促進に関する意見書を、首相や関係大臣に宛てて採択している。かつて一九三七年に宮崎県知事に就任した相川勝《あいかわかつ》六《ろく》は、建国神話（それは誰も否定できない戦前・戦中の正統思想だった）に依拠する「祖国日向《ひゅうが》」をスローガンに、一九四〇年に予定された紀元二千六百年記念事業にこと寄せて、地域開発を推進した知事として知られている。その中心をなしたのが小丸川《おまる》[21]の河水統制事業であり、内務省の支持を得て国庫補助を獲得した。その継続を目指したのが戦後の県議会の決議である。

県議会は小丸川開発を総合開発の先駆と位置づけ、「此の事業はアメリカのテネシー渓谷の大開拓事業を小型にした構想に基づくもの」と主張することによって、経済安定本部の思想への整合化をはかっていた。[22]この時期の県の政策文書は、どれもこれもが小丸川開発事業とＴＶＡの類似性を主張している。右にあげた県議会の意見書は、「所謂日向テネシー渓谷の大開拓事業の目的達成のために」と結んでいる。このように、ＴＶＡは戦後復興期において総合開発の代名詞のように語られた、時代のキーワードであった。

それにしても「所謂日向テネシー渓谷」とは恐れ入るではないか（所謂《いわゆる》の使い方を間違えている）。この調子で、日本中にＴＶＡが輩出したのだろう。私の教科書で、「北上総合開発」はＴＶＡのような民主主義の精華として美しく描かれた。宮崎県の「所謂日向テネシー渓谷」では、戦時期の紀元二千六百年記念事業が、戦後民主主義の中で時を得たかのように復活している。逆説という言葉が逃げ出すような話だが、公的資金を投入したインフラ整備による地域振興だ。赤面している訳にもゆくまい。

真面目に考えなければいけない。このようにして地方議会に飛び交ったであろうＴＶＡは、そもそも笑うべきことだろうか。名だたる災害県である南九州の県議会が、「所謂日向テネシー渓谷」とＴＶＡを語ることは、戦後民主主義と無縁の行為なのだろうか。綴方教育的なるものは日本農村の後進性を追及してやまなかったが、私は、地方議会に持ち込まれたＴＶＡは農村社会を基盤とした人々の知恵と考えてもいいのではないかと思う。

後述するように、鶴見俊輔《つるみしゅんすけ》はプラグマティズムの観点から生活綴方運動を評価した。概念の中身と奥行きを決めるのは行為とその結果だというふうに、プラグマティズムを理解していいのなら、日向ＴＶＡだって同じように評価していいのではないか。そのように考えると、ＴＶＡもまた複合的な神話として（建国神話と戦後民主主義の神話）、歴史の文脈の中に置いていいはずだ。双方の神話がお互いに毒消し役を果たしてくれないとも限らないではないか。

### ③生活綴方の神話

綴方運動は一部の戦後知識人によって、左翼思想の硬直性を打破する突破口として期待された面がある。たとえば『思想の科学』第四号（一九五四年八月号）は「生活綴方」を特集し、座談会「生活綴方運動の問題点」では多くの著名な知識人が議論している。また鶴見俊輔は久野収《くのおさむ》との共著『現代日本の思想』（岩波新書、一九五六年）の中で、生活綴方運動に日本のインテリ思想のもろさを克服する可能性を見出そうとしている。

しかし私が少し奇異に感じるのは、生活綴方運動に可能性を見出そうとする人々が、『綴方教室』（中央公論社、一九三七年）における豊田正子の作品や、『山びこ学校』（青銅社、一九五一年）における無着成恭《むちゃくせいきょう》学級の生徒の作品はきわめて高く評価するのに、それらがベストセラーになったりメディアで取りあげられたりする現象については概して冷淡なことだ。それらは本質とは関わりのない、周辺的な現象に過ぎないのか。

たとえば『綴方教室』は新築地劇団によって山本安英《やまもとやすえ》主演で舞台化され、山本嘉次郎《かじろう》監督、高峰秀子主演で映画化された（一九三八年）。綴方はブームになってメディアに消費され、ついには朝鮮に飛び火して新聞社による朝鮮総督賞を競う綴方募集まで行われた。当選作は映画化されている（崔寅奎《チェ・インギュ》監督「授業料」）。

『山びこ学校』もベストセラーになり、今井正監督によって映画化された。しかし無着成恭は村の恥部を外部に曝したと反撥され、東京に出て明星《みょうじょう》学園の教師となる。東京に出てからの無着は、同時代の子どもにとってはラジオの「こども電話相談室」で面白い回答をする先生だろう。しかし知識人の間でかつての声望は失われた。

　これらの一般メディアにおける扱われ方を表層的ということにとくに異存はない。要するに生活綴方は、メディアに都合よく消費されたのである。しかし消費は少なくとも社会との接点であり、交渉である。消費はいつまで可能だったのか、いつから消費の対象として見向きもされなくなるのか。そこに見られる生活綴方的なものと社会との交渉の幅は、戦後知識人の座談会よりずっと広いのではないか。それはいまでも考えるに価する問題である。

　このように一般メディアの寵児となった綴方と知識人の相性は良くなかったが、そんな中で大関松三郎と『山芋』は不動の聖典だった（と私は思い込んでいた）。ところが一九九六年に、綴方教育史を研究する太郎良信《たろうらしん》による、衝撃的な『山芋』批判が現れた[23]。もともと大関松三郎詩集としての『山芋』にさまざまな角度からの疑問が提出されていたことは、すでに見たとおりである。その多くは、大関松三郎の詩には寒川の指導や影響が、もっと言えば寒川の手が入っているのではないか、それはどの程度の介入なのか（松三郎の作品と言えるのか否か）といった観点からのものであったらしい。

　それらに比して太郎良の主張は、「『山芋』は大関松三郎の詩ではなく戦後に寒川が書き下ろした少年詩である」というものである。もはや「合作」どころの話ではない。

　最初に出版された単行本は、さがわみちお編『山芋』（百合出版、一九五一年）であるが、それは一九三八年度に寒川が担任した小学六年生、大関松三郎の手作りの詩集を、寒川が復元したものであると説明された。しかし原本が失われたものをどのように復元したのか。太郎良の周到な検証は、当時の生徒や綴方運動の関係者から資料が提供されたという説明が、きわめて根拠の薄い主張であることを明らかにしている。

寒川は一九四一年十一月に治安維持法違反容疑で検挙されている。寒川の後年の回想は、検挙の際に松三郎直筆の『山芋』は押収され、のちに取調べの際に特高が突きつけてきたと述べている。そう、特高が持ち出したのは、ご想像の通り「ぼくらの村」ということになっている。しかし同じ容疑で検挙された国分一太郎が著書で全文を明らかにした「予審終結決定書」には、そのことは一言も書かれていないという[24]。原本の存在を示す根拠は、少なくともいまのところ示されていない。

このように、『山芋』が戦後に「復元」される過程の検証、以前から類似性が指摘されていた岡《おか》本潤《もとじゅん》の詩との比較検討など、太郎良の検証は詳細をきわめている。「ぼくらの村」を読んで自然に抱いた疑念を、オレの根性が曲がっているゆえの邪推かと恥じた人は、皆ホッとするのではなかろうか。それだけ説得力がある研究である。

太郎良は「寒川が犯した歴史の偽造」とまで踏み込んでいる。しかしその周到な議論が出現した後も、『山芋』の神話は生きつづけている。たとえ太郎良説への有効な反論が提出されなくてもである。それは別に不思議なことではないし、当分の間そのような状況は変わらないと思う。事実が万人を論破するのは、じつは簡単ではないのである。

## 小括——教科書の命運と戦後的なるものの終焉

この章の最初に述べたさまざまな方向からの作用による力学とは、以上の①から③に見たようなものだ。他にもあるだろう。私自身は、それらに含まれるさまざまな欺瞞《ぎまん》を糾弾することに熱意は湧かない。それよりも、私の教科書の命運の中にこそ見るべきものがあると思う。

大日本図書の小学校国語は一九五六年から刊行されている。私たちは、戦前・戦中からの生活綴方的教育の集大成みたいな教科書を、出たばかりのときに使ったわけだ。しかし私が取り上げた教材、「ぼくらの村」や「T・V・Aの話」や「北上総合開発」などは、一九六一年版からは単元ごと全部消えている。わずか五年の生命である。そこにどのような判断や力学が働いていたのかはわからない。しかし、池田勇人内閣の所得倍増計画が打ち上げられるのと時を同じくして生命を終えたことに、綴方教育的なるものが体現した「戦後」の命運を見るべきなのである。

ここまで、綴方教育的なるものの、いわば完成形のような教育を受けた側の記憶から出発して、私の中の「戦後」の形成について考えてきた。シニカルな記述に終始したように見えるかもしれないが、それらは私の中でいったん血肉と化していた価値観である。私（たち）は、綴方教育運動とは縁もゆかりもなさそうなふつうの小学校教師からも、ありのままに見よ、ありのままに書けと教えられてきた。ありのままに現実を見ることの中から問題を発見するという思考回路はきわめて堅牢な構造を持っており、ありのままイデオロギーとでも言いたいようなものであった。しかもそれは私自身の中に骨がらみになって、ほとんど持って生まれたものと見分けがつかないほどになっていた。まさに教育の精華かくの如しである。

いまから見直せば、ありのままに現実を見ることによって発見される問題とは、実はあらかじめ解答が用意されている問題であった。現実そのものが問題だらけであり、それは正しい認識の方法をもってすれば誰にでも（子どもにでも）分かるはずのものである。問題を克服した理想社会がどんなものかも、まともなインテリジェンスを持ったものなら誰にでも分かる。戦後啓蒙と呼ばれるものはこのような回路を持っていたのではないか、それを一言でいえば自明性という形式だと思う。

私（たち）は長ずるに従って、誰の目にも自明だと思われた問題と解答のセットに、少しずつ違和感を覚えるようになった。それは好みの音楽や、肌の合う考え方や、そのようなものの語り手、書き手の登場とともに、すなわち、そのような時代の空気を呼吸することでいやおうなく変容していく身体が、お仕着せの服を拒否しはじめるように拡大していく違和感であった。

本当なら、その違和感のもとが、綴方教育的なものの意味を無効化していく社会の変動であったことに、そのとき気がつき、明示的に言語化すべきだっただろうか。残念ながら私（たち）はそれほど聡明ではなかった。しかしそのとき、誰が聡明だったのかとも思う。

経済の高度成長を正面から肯定しない人たちは、天国のような社会が到来しないと変革を認めないのではないか。そんなものはいまだこの地上に現れたことはない。故人となった歴史家の網野善彦は、南北朝の動乱と高度成長を、列島史を画する社会変動と述べている。南北朝は知らないが、高度成長が列島史レベルの変動であることは認めるべきだと思う。まさに今井誉次郎が苦闘した、生活としっかり結びついた古い古いものを変えたのだ。その後に天国が来なかったからといって、社会変動がなかったことにはならない。意識の変化は長い時間をかけて明らかになる。気がついたときには、そこは過去という名の外国だったり、現在という名の外国だったりするのだ。

【註】

1 有馬学「戦前の中の戦後と戦後の中の戦前」近代日本研究会編『年報・近代日本研究10 近代日本研究の検討と課題』(山川出版社、一九八八年)

2 有馬学『日本の歴史23 帝国の昭和』(講談社、二〇〇二年/講談社学術文庫、二〇一〇年)

3 これらの教科書の実物を調査したのは、論文を書いてから十年ほど経ってからである。はじめて訪れた、教科書図書館として知られる(しかし私は知らなかった)東書文庫の印象はいまでも鮮烈に記憶に残っている。教科書出版会社の東京書籍が、同社の創立二五周年を記念して、一九三四(昭和九)年に企画した教科書図書館である(開館は一九三六年)。数万点にのぼる教科書及び関連資料は、のちに国指定の重要文化財になった。一度でも利用した者には当然の重文指定と思える(実業補習学校だの青年訓練所だのの教科書なんて見たことありますか?)。ただし、私のように第二次大戦後の教科書を調べるなら、公益財団法人教科書研究センター(そういうものがあるのだよ)附属教科書図書館に行く方が正解らしい。二つの教科書図書館は主として戦前のものを収蔵する東書文庫と、戦後の教科書中心の教科書研究センターという棲み分けで連係しているとのことであった。無知は恐ろしい。

4 厳密に言えば、ダム建設への抵抗はすでにこの頃にははじまっていた。蜂の巣城の攻防戦で有名な下筌(しもうけ)ダム建設をめぐる紛争のはじまりは一九五八(昭和三十三)年、私が中学に入った年だ。だが私の教科書の著者たちは土地収用をめぐる補償問題にはふれない。別に政府や企業に忖度したわけではない。後述するように、教科書は政府や企業を批判する立場の人たちによって編まれている。

5 詩集『山芋』は、松三郎の教師であった寒川道夫によって一九五一年にはじめて刊行されたものであり、

「原本」に当たるものはない。『山芋』のテキストクリティークについては、太郎良信『「山芋」の真実――寒川道夫の教育実践を再検討する』（教育史料出版会、一九九六年）が重大な指摘を行っているが、それについては後述する。一九五三年刊の『山芋』増補改訂版には、小野十三郎、草野心平、中野重治といった著名詩人を含む諸家の評が附されている。すべて絶賛である。その中で、寒川とともに生活綴方運動の担い手の一人だった国分一太郎が、松三郎と寒川道夫の「合作」説があることにふれている（「『合作』ということ」）。国分は悪意の「合作」説を「へんな疑いをさしはさむ人の俗説」と一蹴した上で、指導という意味での「合作」的な行為は否定していない。

なおこれとは全く別の話だが、増補改訂版で確認すると、教科書の二つの詩は『山芋』掲載の詩とは細かいところで表記が異なる部分がある。アノニマスなのはそのためかもしれない（教科書用に改訂した？）。

6 以上の今井の経歴は、今井の戦後の著作および国分一太郎「今井誉次郎と生活綴方運動」（『日本児童文学』一九七八年三月号）、滑川道夫「今井君と児童文学」（同）による。

7 小川太郎・国分一太郎編『生活綴方的教育方法』（明治図書出版、一九五五年）の執筆者紹介による。野口は同書に「各教科で綴方教育的方法がどのように必要か」という文章を書いている。

8 滑川道夫の回想（前掲註7）によれば、長谷健も『綴方生活』時代からの関係者である。福岡県柳川出身の長谷は「あさくさの子供」で芥川賞を受賞しており（一九三九年）、のちに『九州文学』同人となったことから福岡の地方文壇の動向に関心のある人にとっては耳に馴染んだ作家である。なお野口茂夫は青山師範の卒業で、長谷健とともに教育文学会の中心メンバーであった（野口の詩集『教育の天』〈東陽閣、一九四一年〉に寄せられた高野柔蔵の跋文による）。

9 菅忠道・砂田弘「「プロレタリア児童文学」をめぐって」（『日本児童文学』一九七一年十一月号、特集「プロレタリア児童文学」中の対談）

10 国分一太郎「今井誉次郎と生活綴方運動」（『日本児童文学』一九七八年三月号）。

11　これら教育学者は戦後における教育改革の旗手でもあった。しかし戦後における教育の民主化理念が戦時期における彼らの主張の延長上にあったことは、彼ら自身によって隠蔽された。そのことはすでに大内裕和「隠蔽された記憶――国民学校の〈近代〉」（『現代思想』一九九五年一月）によって指摘されている。

12　前掲、菅・砂田「「プロレタリア児童文学」をめぐって」。プロレタリア児童文学よりさらに面白くない童話になったことは、対談の中で当事者が認めるところである。

13　以下この項は寒川道夫「教室のプロレタリヤ児童文学意識」（『日本児童文学』一九七一年十一月号、特集「プロレタリア児童文学」）による。

14　吉原順平『日本短編映像史――文化映画・教育映画・産業映画』（岩波書店、二〇一一年）一三四～一三五頁。

15　中村秀之「暁にあうまで――「岩波映画」と〈眼〉の社会的創造」丹羽美之・吉見俊哉編『岩波映画の1億フレーム』（東京大学出版会、二〇一二年）四三、五四頁。タイトルにある「暁にあう」とは、「地球がすべて灰色におおわれてしまうような時代にあっても、たゆみなくつづけられる――とくに若い人達を啓蒙する努力は必ず暁にあう」という岩波映画製作スタッフの言葉から来ているそうだ。この言葉を引いた中村は、そこに「戦後啓蒙の近代主義という紋切り型批判」に対する反論の意味を込めている。しかし私には疑問だ。それぞれが都合よく作り上げた藁人形を撃ち合って何の意味があるのだろうか。

16　筒井武文「ヌーヴェル・ヴァーグとしての岩波映画――羽仁進作品を中心に」（同右所収）、六〇頁。

17　武田徹『ミネルヴァ日本評伝選　井深大――生活に生命を』（ミネルヴァ書房、二〇一八年）、九九頁。

18　井深大「私の履歴書」『私の履歴書　経済人6』（日本経済新聞社、一九八〇年）、三五九頁。

19　同右。

20　以上の経緯は武田前掲書、一一一頁。

21　小丸川は椎葉村に発して太平洋に注ぐ宮崎県中部の川。

22　「意見書」（宮崎県議会史編さん委員会『宮崎県議会史』第九輯、宮崎県議会事務局、一九六九年）、二〇二頁。一九四八年二月臨時議会に提出された、内閣総理大臣、大蔵大臣、商工大臣ほか宛意見書。

23　前掲、太郎良『「山芋」の真実』。

24　同右、五三頁。国分の著書は、国分一太郎『小学教師たちの有罪――回想・生活綴方事件』（みすず書房、一九八四年）。

第二章

# 「戦後」の終わり方、戦争の忘れ方

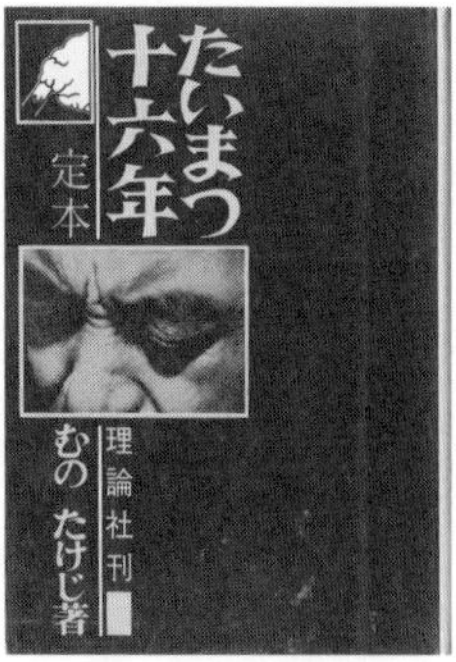


むのたけじ『たいまつ十六年』（一九六四年）
山口瞳『江分利満氏の優雅な生活』（一九六三年）

【書誌】

○むのたけじ『たいまつ十六年』（企画通信社、一九六三年十一月十五日）

奥付の発行者は大野進、『週刊たいまつ』の支持者、寄稿者にして活動家である。一九六四年に理論社から改訂版が刊行された。私が読んだのはこちらの方だ。改訂版は定価六百円、一九六四年四月発行（奥付には月までの記載しかない）。写真提供、ＴＢＳ報道部とあり、取材時の写真と思われる。一九九四年に現代教養文庫版が社会思想社から、二〇一〇年に岩波現代文庫版が岩波書店から刊行された。岩波現代文庫版では第三部「炬火集」が割愛されている。

○山口瞳『江分利満氏の優雅な生活』（文藝春秋新社、一九六三年二月十五日）

初出は『婦人画報』の連載（一九六一年十月号〜六二年八月号）。単行本最後の三章は「江分利満氏の優雅な生活」連載の前後に『婦人画報』に掲載されたものであり、文庫本では省略されている。直木賞受賞作として『文藝春秋』一九六三年三月号に「昭和の日本人」が掲載された。一九六八年に新潮文庫版が新潮社から、二〇〇九年にちくま文庫版が筑摩書房から刊行された。『山口瞳大全』第一巻（新潮社、一九九二年）に収録された。

## 一　なぜこの二冊なのか

妙な取り合わせに見えるかもしれないが、高校時代に読んだ中でもとりわけ記憶に残っている二冊について書いてみたい。若い頃に読んだことははっきり記憶しており、感銘を受けたことも確かだが、内容はさっぱり覚えていないという本もある。たとえばロマン・ロランやヘルマン・ヘッセがそうだ。いまさら恥ずかしがっても仕方がないが、私だって青年期の必読書といわれたものと取り組んだことがあるのだ。しかしいまから書く二冊（だけではないが）については、いずれも内容の端々に関して、いくつかの断片的だが明瞭な記憶がある。ということは、その後折にふれてさまざまに反芻《はんすう》していたということだ。

むのたけじ（武野武治）は一九一五年に秋田県仙北《せんぼく》郡に生まれ、二〇一六年に亡くなっている。生前、百一歳で現役と報じたメディアもあった。メディアのレッテルなど知ったことではないが、反骨のジャーナリストと評されることが多い。東京外国語学校（現東京外国語大学）を卒業後、報知新聞に入社、朝日新聞に転じて特派員として日本占領下のジャワに派遣される。敗戦時に新聞社内で全員辞職論を主張して容れられず、退社ののち一九四八年に、生まれ故郷に隣接する秋田県横《よこ》手《て》市に家族で移住。タブロイド判の新聞『たいまつ』[1]を創刊し、中央・地方の保守政治を厳しく批判し続けた。

むのたけじと『たいまつ』の活動が広く知られるようになったのは、『たいまつ十六年』が刊行されてからである。私はこの本を読んだのは高校時代だとずっと思い込んでいた。しかし今回はじめて確認したのだが、この記憶は厳密に言うと怪しい。私が読んだのは理論社刊行の改訂版であり、これは装幀の記憶から間違いないと思う（最初に出た企画通信社版は函入りだが、理論社版はカヴァー付き函なし）[2]。そうすると奥付は一九六四年四月であり、正確には私は浪人生だ。そのあたりは、意識は高校生を脱していなかったということで我慢してもらおう。薄明の中の半覚醒みたいな状態で過ごした高校生活の延長上で、ろくに受験勉強もせず、落ちるべくして大学入試に落ちた後である。

この本については、新聞か雑誌の書評か紹介を見て知ったと思う。それで書店で手に取ってすぐ買ったはずだ。衝撃的とも言える強い感動を覚えたので、親しい友人に吹聴した。そのうちの一人は私同様に感動して、大学在学中に、わざわざ横手までむのたけじその人に会いに行っている。彼は卒業後、有名な通信社に入った。もともとジャーナリスト志望だったはずだから私が影響したわけではないが、『たいまつ十六年』が背中を押すくらいのことはあっただろう。

同じ頃に山口《やまぐち》瞳《ひとみ》を読んだ。これも改めての確認だが、読んだのはこちらの方が早い。私の家では『文藝春秋』をとっていたので、私は直木賞発表の号で掲載部分を読んだ。掲載号は一九六三年三月号なので、間違いなく高校時代（二年生の終わり）である。『江分利満氏の優雅な生活』は受賞時にすでに単行本が刊行されており、『文藝春秋』に掲載されたのは最後の章「昭和の日本人」である。パラパラとめくっているうちに目にとまって、そのまま全文を読んでしまった。そして何に感じ入ったのか、すぐに単行本を買いに走った。一種のユーモア小説として読んだふしがなくはないが、乏しい小遣いである。それだけで本は買わない。

父親の浮沈を通して山口家に影を落とす戦争と、それを引きずったままそれなりの暮らしを手に入れた戦後。「それなり」と言ったって、当時の私の家よりずっと豊かだ。そのことを引き比べていたわけではない。しかし私はどこかで自身の境遇と、より正確には父の境遇とうっすらと重ねながら読んでいたのだと思う。

私の父は戦後すぐに大陸から引きあげた後、鹿児島で県立高校の教師をしていたが、一九五二年に上京して縁者の経営する中小企業に勤める。それははじめ新たな「戦後」の出発点にすぎないはずだったのが、結局はそのまま勤め続け、退職後に嘱託の身分となり、終生借家暮らしのままで六十六歳で死んだ。

一九六三年に戻れば、父は、どう言えばいいか、社会的なポジションとして江分利満氏に達していない。もはや達することはないことが見えている。そんなことはない、その時点ではまだわからなかったというのは、五十歳を過ぎた一九六三年では強弁にすぎない。当時の高校生の頭で自覚的に言語化していたわけではないが、一見軽妙に見える筆遣いの背後にある何かを自分は読んでいるという感触は、間違いなくあったと思う。

『江分利満氏の優雅な生活』と『たいまつ十六年』の間には一年ほどの間隔があるのだが、ともかく私はこの二冊から受けた感動を何人かの友人に伝えた。数人とはいえ同感を得られたのは、『たいまつ十六年』だけだった。

戦争と「戦後」を執拗に問い続け、同時代日本の政治と社会を批判してやまなかったむのたけじと、庶民（サラリーマン）の「戦後」（すなわち戦争）を救済してバネにする方法を発見した山口瞳、それをともに読んで感動する、のほほんとした高校生（ほぼ）の私。この構図の中に、昭和三十年代という時代の過渡性を見ることができるのではないか。それが本稿をはじめるにあたっての見通しである。

## 二　私のむのたけじ体験

かつて高校生（ほぼ）として魂をゆさぶられる体験をした『たいまつ十六年』の再読は、実は「困ったな」の連続となった。イライラすることも少なくなかった。だが何故そうなのかをたどる作業は、途中で放り出す気にはならなかった。少なくともイライラの連続の先に、私の「むのたけじ体験」を再確認することはできた。それに、知らなかったことを確認できるのは、間違いなく面白いことだ。

はじめに『たいまつ十六年』のどんなところが記憶に残ったのか、いくつかあげてみよう。「十六年」と言いながら、自伝的な記述は『たいまつ』刊行に至るまでであり、その他は紙上の論説の再録である。強い印象が残ったものとして最初に思い浮かぶのは、朝日新聞の特派員として派遣されていた占領下のジャワでの体験である。[3] たとえば、占領下のジャワで最初に船から下りてきたのが芸者、次にいわゆる朝鮮P。帝国陸軍の将校たるもの、赤道直下に来てまで刺身を食って三味線を聴かなければ遊んだ気にならないのかという記述など、高尚そうな反戦論議よりはるかに日本の戦争というものの実相に迫っているように思えた。

徴用文化人の一人としてむの等の報道陣とともにジャワに渡った武田麟太郎《たけだりんたろう》は、いつもしもた屋のようなところに入り浸って飲んでいて、日本人が来ると「おまえらの来る所じゃない、帰れ」と怒鳴ったという。あるいは、「武野武治」という人の人柄をしのばせるような、可愛がっていた下働きの少年との交渉も忘れがたい。敗戦前に日本に戻る際、少年に連れて行けとせがまれて窮したむのは、必ずまた戻ってくる、その時はきっと日本に連れて行くと嘘をつく。「うそだ、うそだ、うそをつくしかない」というフレーズは、耳に残るように覚えている。

私が幼稚な頭なりにジャーナリストとしての矜持《きょうじ》のようなものを感じたのは、戦局が切迫する中、ジャワから帰国した東京だ。一九四三年六月五日に山本五十六《やまもといそろく》元帥の国葬が営まれる。しかし締切時間の関係で葬儀を取材してから原稿を書いたのでは間に合わない。むのも他社と同様に予定原稿を出して葬儀会場へ向かう。ところがその帰り道、一緒に車に乗って行けと声をかけた知人の読売新聞（当時は読売報知新聞）記者だけが、実際の葬儀会場の様子を記事にしたのである。

一九三二年の上海における爆弾事件で隻脚となっていた重光葵《しげみつまもる》外相は、歩みが遅いことを慮って、他の参列者より早く会場入りする。不自由な足でただ一人会場を歩む重光の姿に重ねて、記事は、いまは国民皆が必死なのだと結んだ。翌日記事を読んだむのは、新聞記者としての敗北感を感じるのである。新聞記者は現場を見なければいけない。見たら書かなければならない。というより書いてしまうものだ。それが翼賛記事であるという前に、他社が予定原稿の紙面を並べた中で、ひとり読売の記者によって一つの事実が書かれた。それは今から見ても、記憶されるに値すると思う。

先にふれたように、『たいまつ十六年』の自伝的回想は『たいまつ』創刊のところで終わっている。待望された自伝の戦後編として、同じ年の内に『雪と足と』が出版された。[4] 当時の私にこれを買わないという選択肢はない。そして『たいまつ十六年』と同様の手応えを感じたのだが、こちらの方は、降り積もる雪が屋根を押しつぶしてしまうような重量感のみが残り、具体的なエピソードはともすれば埋もれている。

一つだけあげるとすれば、農村の婦人会に呼ばれた講演の中で語ったという、世界の重要なことは一面の大見出しよりも三行記事が伝えることが多いというところだろうか。アメリカの失業者数が戦後最大に達したという三行記事から戦争を予感させるきな臭さを感じとり、さしあたり朝鮮半島が怪しいと戦争を予見したというのである。この記述そのものは、後述するように問題を含んでいる。しかし最初に読んだときの私は、ものの見方を教わったと思ったものである。

もちろん違和感を覚えるところもあった。一九四六年になると、占領軍は、民主主義的解放者ではないという「別の顔」を見せはじめる。『たいまつ十六年』では、そのことを見抜けなかった指導者と国民に向けられた鬱屈と怒りが、「民族の性根」の問題として、次のような事態と同根であると指弾される。むのによれば、「日本軍占領下の諸地域の至るところにもパンパンが生まれはしたが、人数でも媚態でも日本のそれが断然「アジアの一等国」を示した」（一〇三頁）のだという。むのさん、それはいけないよ。何を根拠にそんなことが言えるのか。街頭に立った女性たちに面と向かっても言えるのか。今となっては、読んだときに直ちにそんな反撥が浮かんだのかどうかは定かではない。ジェンダーなんてコトバはまだ存在しない。「慰安婦」をめぐる文脈も今日とは全く異なる。それらを勘定に入れたとしても、むのたけじという人の目は意外にこういうところは冷たいのである。武田麟太郎のエピソードは何だったんだと思う。

それはそれとして、私のむのたけじ体験を成立させた時代の雰囲気にもふれておかねばならない。理論社版の巻末には同社発行の「A・Aの本」として、カストロ『わがキューバ革命』、エンクルマ『わが祖国への自伝』、ルムンバ『息子よ未来は美しい』、セク・トゥーレ『アフリカの未来像』等が並んでいる。その数年前に暗殺されたルムンバには「故」と付されている。この文章がずっと若い世代にも読まれるかもしれないことを、どの程度に考慮すべきか迷うが、もちろんAAはアジア・アフリカである。一九六〇年はアフリカの年だった。高校一年の時の文化祭で私たちのクラスが取り上げたテーマはAA問題である。意識低い系の生徒に過ぎなかった私でも、クラス討論でこのテーマが提案されたとき、なるほどと思ったものだ。その頃これらの本は、私鉄沿線の駅前書店でも見ることができたのである。アジア・アフリカ諸国の動向の中に、世界の未来があるように思えた（そう思うべきだと考えていた）。それはもちろん、同時代の日本で革命が実現することにリアリティを感じたかどうかとは別の話である。

## 三　戦後革新とナショナリズム

この原稿を書くにあたって多少の文献調査をしたのだが、知らなかったことが少なからずあった。当時の私の浅薄なアタマを割引きしても、『たいまつ十六年』には書かれていないこと、書かれていても具体的ではないことがあるのだ。

例えば私の中には、『たいまつ』は既成の権威に頼らず自立した立場を貫き通したという勝手なイメージが作り出されていた。しかしよく考えてみると、敗戦直後、日本という船が大揺れに揺れている中で、持して揺るがずなどという生き方がそうそうあるものではない。実際には『たいまつ』、すなわちむのたけじも揺れていたのである。そのことは、初期の『たいまつ』の寄稿者（他誌紙からの転載も含む）を見るとわかる。

草創期の寄稿者で目立つのは、一九三三年に鍋山貞親《なべやまさだちか》とともに獄中から「共同被告同志に告ぐる書」を発表して、共産党員大量転向のきっかけを作った佐野学《さのまなぶ》である。佐野は「誰が如何にして生産を建てなおすか」（創刊号、一九四八年二月二日）、「小国は恥でないけれど」（第三号、同二月二十六日）の二回寄稿している。ここで佐野に貼られた転向者のレッテルなど問題にする必要はない。その寄稿を通して、むのの主題の一つである「愛国」が確認できることが重要である。佐野の語るところを見よう。

生産の再建には勤労者すなわち労働者や、農民や、技師、事務職員の層の人たちがまず立ち上がらねばならない。この勤労者の愛国心にみちた生産闘争だけが日本を救うのである。

共産党による工場管理だの何だのという「破壊工作」でなく、生産再建闘争こそが重要であるという主張は、どのようにむのの考えと整合するのか。第一一号（同五月八日）の主張欄「民族の新たなる統一へ」を見てみよう。

世界が一つの世界に向かっているとはいえ、現状は政治も経済も「国家乃至民族が根本の単位になつて」いる。国全体がしっかりしなければ個人の幸福も望めない。したがって日本再建の眼目は、「いかにして日本民族の統一を新しく正しく打ちたてるか、いかにして日本人みんなが一つの目標にむかつて力を合わせるようになるかにある」というのがむのと『たいまつ』の主張だ。これは佐野の考えとシンクロしている。

佐野学との関係は単なる寄稿者と媒体提供者ではないのだが、そのことは後述する。もう一つ興味深いのは、石川準十郎《いしかわじゅんじゅうろう》の寄稿だ（「世界はどこへ行く　来るべき嵐を知れ」第四三号、一九四九年一月二十二日）。次に見るように、石川の主張も『たいまつ』と重なるので、高畠素之直系の国家社会主義者という側面と、特別に重ね合わせる必要はないのかもしれない。

石川は、民主主義の日本は永久に戦争を放棄したのだから、世界の好意のもとに平和と繁栄とを与えられるであろうという考えを、バカげた認識不足と斬り捨てる。「日独は倒れたが、平和と繁栄が世界のどこにも招来されなかつた現実」こそ侵すべからざる歴史の意志であり、来るべき嵐のために「民族一切の運命を託すに足る新たな国民的政治力」を生成させなければならない。

この寄稿に、むのは「すてよ！　バカげた期待」「パンなくて何の民主ぞ」「歴史の深き意志を見よ」との見出しを付している。[5] 改めて気づかされるのは、ほとんど心酔するように『たいまつ十六年』を読みながら、私が「民族」に反応する感覚を全く持ち合わせていなかったことだ。そのことは、いまごろになって気づいたむのたけじの党派関係にも関わってくる。いまごろ気づいたのは、私が鈍いからだけではない。むのは『たいまつ十六年』や『雪と足と』の中で、手の内をすべて明示しているわけではないのである。「私はたしかに頑固な〈統一戦線派〉であった」（『雪と足と』一三四頁）といった発言を、高校生（ほぼ）の私のシンプルな頭はストレートに読んでいた。だから私は長い間、むのたけじは社共共闘を軸とする戦後革新の本流的な統一戦線論者だと思っていた。それは全くの間違いではないのだが、現実はもう少し複雑なようだ。その複雑なところに「民族」が絡んでくるのだ。むのは頑固な統一戦線派であるのと同じくらい民族派であった。

むのは自ら語るように、日本共産党に入党しようとしたことがある。敗戦後の日本の、「民族魂の大切な心棒までが「無条件降伏」したらしい世のたたずまい」に虚脱したあと、政党に入って活動する意欲を燃やしたむのは、党の幹部に会う（読めば誰でも分かるのに共産党と明示しない意図はよく分からない）。「占領軍は解放軍であるとは思わない」というむのの言葉に対する党幹部の反応が、むのの入党を思いとどまらせたらしい。「それはウルトラ左翼の考え」であり、対日理事会にソ連が参加しているのだから占領軍は解放軍だと言った党幹部は、明らかに志賀義雄《しがよしお》である。[6]

それ以上に、戦後初期の政治状況の中でむのが民族派であったことは、石原莞爾《いしわらかんじ》の東亜聯盟運動の流れを汲む協和党に入党したことが示している。そしてこの事実を、むのは自らは語っていない。実は協和党との関係は、すでに早く思想の科学研究会の『共同研究 転向』の中で示されているので、[7]我ながら迂闊《うかつ》ではある。

東亜聯盟は、一九四六年にGHQの指令で解散、メンバーは公職追放となる。追放明けの一九五二年、石原の三周忌を機に青年層の呼びかけで結成されたのが協和党である。このとき辻政信《つじまさのぶ》、木《き》村武雄《むらたけお》、山口重次《やまぐちじゅうじ》、中山優《なかやままさる》らの戦前からの指導者は、別に東亜聯盟同志会を組織する。自衛中立論の同志会に対して、協和党は再軍備阻止であり、同志会の合同申し入れを協和党は拒否している。

ところで、『転向』所収の仁科悟朗《にしなごろう》論文には、次のような興味深い記述がある。[8]一九五五年二月の衆議院選挙に、「協和党から離れて労農党から立候補を伝えられた佐野学派の労農前衛党の武野武治」は、十二月開催予定のウィーン世界平和会議準備会（東京）にも参加した。武野はのちに労農党から公認を取り消される。この一派はたいまつ社により「平和の戦列」という地方における「一つの人民戦線運動」を展開した。

右にいう労農党は、戦前からの非共産党左翼の指導者だった黒田寿男《くろだひさお》が、一九四八年に芦田均内閣の予算案に反対して社会党を除名されて結成した労働者農民党である。同党は社共両党を批判する立場を取っていた。後述するが、むのが一九五五年の総選挙に立候補する際、いったんは労働者農民党に入党したのは事実である。それより「佐野学派の労農前衛党」という記述はどうだろうか。それについては、木下半治『日本の右翼』も同様の指摘をしている。同書には、「最近ますますその再軍備反対論を強化」している協和党の「一党員武野武治（旧労農前衛党系）」とある。[9]短期間で消えた労農前衛党の正式党員であったかどうかを詮索してもあまり意味がないので、佐野学とは単なる寄稿者以上の関係があったであろうことを確認しておけばよい。敗戦直後の模索するむのの姿である。

時系列が混乱しないように付言すると、「平和の戦列」の結成は一九五二年十一月である。[10]仁科論文では「人民戦線運動」と表現されたが、木下半治は平和主義的「民族戦線」としている。いずれにしてもこの時期のむのの活動は、平和主義と民族主義を結合させた協和党という存在と切り離せない。しかし不思議なことに、「平和の戦列」については『たいまつ十六年』の中でもしばしばふれられるのに、協和党については全く記述がないのである。半生記を書く段階では、かつての「五族協和」の協和に抵抗が生じたのだろうか。

協和党については、少なくともある期間、積極的な活動家であったのは間違いない。松田利彦の研究では、東亜聯盟は戦前に左翼転向者や独立運動の活動歴をもつ朝鮮人に活動の場を与える役割を果たしたが、戦後にも既存の社会運動からはみ出た者を受け入れる役割を担っていたと位置づけられている。その一例としてあげられているのが、むのたけじなのである。松田によれば、むのは協和党中央委員となって機関紙『のろし』の刊行に熱心に関わっていたという。[11]

「平和の戦列」結成について、『公安調査月報』は次のように述べる。すなわち、協和党中央委員兼秋田県支部企画委員の武野武治はかねてから平和を守る会の結成を企図し、同人が発起人となって農民、組織労働者、日教組等中堅的な指導分子約七十名が出席、共産党系（『公安調査月報』は㊒と表記）を主とする「平和の戦列」を結成、三か条の綱領を決定した。綱領は、「私達は日本を再武装させる一切の政策に反対し、あくまで人権を尊ぶ合理的な新社会をつくるために働きます」「第三次世界大戦の発生は人類を破滅に導くことである、従つて一切の国際紛争を暴力でなく話し合いによつて解決すべき事を世界の人々に訴えます」等である。[12]

むのはいつ頃まで協和党と関わっていたのか。一九五三年一月三十一日から二月一日にかけての党員会議では主な出席者として武野武治の名があり、改選された中央委員にも名を連ねている。この会議では、「日本の真の独立と平和を獲得するためには日本の再軍備反対、憲法改正反対を堅持することが党の命脈」であることが確認され、「左派社会党の所属勢力こそ協和党が目標を同じうするもの」であり、「果敢なもぐり込み作戦」に出ることが決定されたという。[13]実際にこの時期の『公安調査月報』には、共産党の切り崩しや、逆に共産党支部からの共闘申し入れの動きなどが見られる。

その後のむのと協和党の関係については、一九五三年八月の中央委員改選には名を連ねているが(『公安調査月報』二―九頁)、翌一九五四年二月の会議では中央委員から消えている(同三―三頁)。この頃から衆議院選挙に立候補する翌年二月にかけて、離脱したか距離をとっていったのだろう。

この時期のむのの位置を考える上で、藤原弘達《ふじわらひろたつ》による戦後初期のナショナリズム運動の分析は興味深い。[14]藤原によれば、東亜聯盟同志会は辻政信の自衛中立論で一致しているが、協和党は武力による安全保障を否定し、アジア諸民族、中国との提携によってのみ日本の安全は確保されると考える。再軍備については、日本をアメリカ帝国主義の手先としてアジアの孤児たらしめるとして全面的に反対である。また新憲法については、アメリカの強制によるものにせよ、平和主義に今後の日本の使命を託すべきであり、改正には絶対反対である。東亜聯盟の根幹たる東アジアについては、独立と統一をさまたげるすべての勢力に朝鮮人が反抗するのは当然であり、北京・台湾の如何を問わず中国民衆の支持する政府こそ提携すべき真の相手というものであった（以上、七四〜七六頁）。

石原莞爾の世界最終戦論に関する新たな解釈で、協和党の平和主義に理論的根拠を与えたのが、共産党からの転向者として知られていた鎌形浅吉である。鎌形は東亜聯盟運動の理論体系なき偉人崇拝運動を批判し、「問題の重点は「最終戦争時代」の性格にあるのであり、戦争のあるなしではない」と主張する。最終戦争（第三次世界大戦）の発生は人類のしのびうる限度を越えたものであり、生存権の否定である。したがって、戦争も致し方なしとする一切の論理は誤謬《ごびゅう》なのである。

その共産主義批判も独特である。すなわち最終戦争時代において、階級闘争による革命は戦争手段に訴える以外に方法を見出しえず、「必然的に正当性を喪失せざるをえない」。そこから導かれる結論（日本の進むべき道）は、「米ソ以外の後進国におけるナショナリズムは戦争を絶対的に否定する論理方式においてのみ自己の主張を正当に展開できるのであり、世界的には米ソの緊張関係の緩和に機能しながら、失った国権を回復せんとする第三勢力運動とならざるをえないであろう」というものであった[15]（七三頁）。

若干アクロバティックだが、言わんとするところは分かる。そこでは、戦争否定（平和主義）は強烈なナショナリズムと結びついている。むしろ、米ソ冷戦体制の中で、「失った国権」を回復する、すなわちナショナリズムの正当性を取りもどすための方法論が平和主義なのである。このような協和党の論理は、むのたけじと『たいまつ』の主張に重ねても無理なくつながるのではなかろうか。

藤原はまた、協和党にとって悩ましい問題だったらしい天皇観についてもふれている。協和党代表者の武田邦太郎《たけだくにたろう》は機関紙『のろし』の七号で、「一国の政治的中心人格として最も重要な性格は世界平和への私心なき献身」であり、「誤って運営されると大きな危険を伴う」が「天皇こそ中心人格として比類なくふさわしい存在である」と述べているという。他方で武田は藤原の取材に対し、「若い人達は全部といってよいぐらい天皇の問題では疑問をもち、それだけに納得がゆかないようです」と語りつつも、「協和党としてはこの点は絶対に変更できません」と断じている（六九頁）。興味深いのは、『たいまつ十六年』でも『たいまつ』紙上でも、国民に根を生やした古い心性には激烈な批判が展開されながら、「反天皇制」的な言説は明示的には現れていないことである。

『たいまつ』の言説の中で私があまり反応できなかったポイントは「民族」と「独立」である。昔も今も、「対米従属」論は肌が合わない。そしてこの二つのキーワードによって、一九五五年二月の衆議院選挙は「戦後最大の総選挙」とされ、むのは自身でその選挙に出るのである。しかも地元革新勢力の一本化工作を振り切ってである。

歴史研究者としては、一九五四年から五五年にかけての戦後革新派の高揚感が何に基づいているのか、冷静に分析すべきかもしれない。しかし、右すべきか左すべきかが、あたかも第三次世界大戦の日本責任論につながるかのような言説には、むかし学生時代に参加したデモで、「国会突入」が「階級決戦」であると呼号されたときのような居心地の悪さを感じてしまう。むのたちにとって、

「第三次世界大戦」は空想や思考実験ではなかったのかもしれない。だが、まだ敗戦からようやく十年とはいえ、私たちはそのような現状認識にどのくらい真面目に付き合うべきだろうか。

むのによれば、一九五三年は朝鮮戦争の休止やホー・チ・ミンの話し合い声明、ソ連の水爆実験（むのの立場からは「水爆独占が破られた」）、四大国首脳会談への動きなど、「世界中の国々が何とかして戦争を回避しようと真剣に努力」した年である。だから一九五四年は、「戦争への誘惑」か「平和への努力」かという問題が、「これまでになく切迫した形」で突きつけられるのだという[16]（「暗く明るい一九五四年」）。

いまの若い人には、世界中が真剣に戦争回避の努力をしているというのに、なぜ戦争か平和かの二者択一をつきつけられるのか、理解できないロジックかもしれない。念のために注釈すれば、「戦争への誘惑」に駆られているのはアメリカを中心とする西側であり、「平和への努力」は主として東側によって担われているという思考方法なのだ。それは戦後革新派にとって自明の前提である。そして二者択一を突きつけられているのは、日本と日本人なのだ。そう考えてはじめて、「世界史の審判のにわかに立つ責任と、そして身ぶるいするほどの誇りとを民族の運命におぼえるではありませんか」（同右）という、異様とも思える高揚感が、存在としては理解できるだろう。同じ号に掲載された清水幾太郎の論説のタイトルは、「戦いの年は来た」である。

押しても引いても倒れそうになかった吉田茂内閣が倒れ、鳩山一郎内閣の下で実施された一九五五年二月の総選挙を、『たいまつ』は「戦後最大の総選挙」と位置づけた（三二〇号、一月二十二日）。そしてむのは自ら立候補するのだ。

秋田県二区では定数四に保守五人、革新四人が立候補した。保革ともに濫立と言っていいだろう。主幹が立候補したからといって、『たいまつ』はむの一辺倒の紙面構成はとらない。主張は主張として、各候補者の扱いは平等である。

革新系は、むのの立候補をめぐって大揺れとなる。そのあたりの事情を『たいまつ』の紙面によって見よう（三二一号、二月二日）。むのははじめ「進歩勢力の拡大結集」という主張に基づき、無所属で立候補しようとした。それが「革新候補の統一を望む組織労働者」から、「統一問題の本質的討議の条件」としてむのの労働農民党（黒田寿男系）入りが強く要請され、むの派は「二日間の討議」を経てこれを受諾。ところが県労会議の「調整」でむのに辞退勧告が出され、むの派はこれを拒否。県労会議の決定と党内事情の板ばさみとなった労農党秋田県本部から無所属立候補の要請がなされ（届出前日！）、むの派は「割り切れないがこれを受諾」した。むの以外の革新候補は栗林三郎（左派社会党新）、川俣清音《かわまたせいおん》（右派社会党前）、鈴木清（共産新）である。

『秋田魁新報』も、二区の候補者調整問題を大きく報じている。それによれば、県労会議は一月十三日の執行委員会で川俣静音と栗林三郎の推薦を決定したが、「労農党、それに国鉄電産中心の横手地区労」の推薦を受けているむのは、県労会議事務局長らの立候補辞退交渉に対し明確に立候補する旨を回答した。前職川俣の推薦は当然として、栗林を推す左派社会党と労農党が推すむのの調整で「もみにもんだ」のである（一九五五年一月十四日付）。同紙はむのについて「前回も左社から出馬のうわさがあった」と書いている（一月十六日付）。

むのの無所属立候補が確定した後も、横手地区労（国鉄・電産が中心）は「完全に手を切ったとは言えず、割り切れないデリケートな問題を残している」と伝えられた（同一月三十日付）。投票日一週間前の報道は、「予想外に青年層の支持を得、顔を出した地区は確実に票をかせいでいる」が「未知数」というものだった（二月二十二日）。『たいまつ』も「おもわぬ番狂せを見せるのではないかとの線までこぎつけた」（三二三号、二月二十六日）と報じたが、結果は最下位で五六一五票であった。二区の結果は民主三、右社一、左社の栗林三郎は次々点で二万七九九六票である。

## 四　山口瞳における「戦後」の決着

先に見たように、『文藝春秋』の一九六三年三月号に直木賞受賞作として掲載されたのは、単行本になった『江分利満氏の優雅な生活』の一部、「昭和の日本人」である。この一九六三年という年は、というより昭和三十年代後半という時代は、私の実感では曖昧な時代である。過渡性が際立つ時代と言った方がいいかもしれない。薄ぼんやりした高校生にすぎなかった当時の私にとってではなく、現在の私から見てという意味だ。

「優雅な生活」、世の中にはこの単純極まる反語を解さない人間もいた。私の母がそうだ。たとえば、江分利満氏が洋服を誂《あつら》える話がある。カネが余っているわけではない。最後は破れかぶれみたいにあれもこれも注文する。この払いを一体どうしよう。私は可笑《おか》しかったので、笑い話として母に教えた。案に相違して、何か予想もしなかったスイッチを押してしまったらしく、母はほとんど激昂したのである。「そういう人たちはいいのよ。最後は払えるんだから」。お気持ちは分かるが、私としては鼻白むほかなかった。

正しく言えば、「優雅な生活」の含意はもちろん単純ではない。というか説明するには多言を要する。だがそれが反語であるということ自体は極めて単純な事実だ。問題は、このひねりがほとんど直喩のように多くの人に通じたことである（通じていなければ売れるわけがない）。そこにこそ、昭和三十年代の後半という時代の意味を見出すべきなのだ。

多くの浮かび上がれなかった人間にとって、そうなったのは本人に能力がなかったからでも、努力が足りなかったからでもないだろう。それは成り行きであり、ものはずみのようなものだ。そう言ってあげないと父が気の毒な気がする。少なくとも、仮に同じ環境で同じスタートラインから出発したとして、私なら父のようにはならないと断言する自信はない。

そのことを、山口瞳は浮かび上がった人間の側から語ったのだ。それはきわめて難しいことだ。少なくとも、それで人を納得させるのは難しいと思う。直接的な説得ではなく、時代を描くことによってしか納得させられないだろう。そもそも山口の場合、浮かび上がれたのかどうか、まだ定かではないのである。山口は「昭和の日本人」の中で、そこのところを「偶然」という言葉で表現した。一九五五年（本当は昭和で表記したいところだ）、江分利さんが東西電機（山口の現実では壽屋）の宣伝課に就職してからを描いたところだ。

山口によれば、いや江分利によれば、就職も東西電機の弱電部門が急伸長したことも、宣伝部門が拡張されたことも、初任給の上昇で中途入社の江分利の給料が上がったことも、すべて偶然にすぎない。私はある時期まで、この「偶然」に引っかかっていた。偶然と言ってしまってはおしまいじゃないか。それは「必然」ととらえるべきではないか。

この「偶然」は何というか、ある気分の表現である。言葉通りに受け取ってはいけないのだ。ちゃんと読めばわかるように、山口は現実を無限に肯定してはいない。しかし否定もしていない。山口は、日本のホワイトカラーについて、「かりに35歳を中堅社員として、それについて語るとなれば、この「偶然」にふれないワケにはいかない」と述べている。ここは思わず力が入ってしまったのだと思う。

「マンモス企業のマンモスビルの社員食堂にカレーライスを食べようと思ってつらなる長い長いバカバカしい列にいる35歳の中堅社員、典型的なホワイトカラー、そんなものはどこにも存在しない」(二〇六〜二〇七頁)。現に存在する者を、なぜここまで断定的に存在しないというのか。あるいは次のような架空の社会調査のやり取りはどうか。

「あなたは通勤の満員電車のなかでどんな事を考えていますか?」「はい、何も考えておりません」「あなたの就職の動機は?」「まあ、なんとなく」「あなたは今の職場に満足していますか?」「ええ、満足しています」「将来、何になりたいですか?」「大過なくつとめたいと思います。みんなのために」「あなたの尊敬する人物は?」「さあ、ちょっと思いあたりませんね」

このやり取りは何なのか。真剣に答えたって理解されるとは思わないという、江分利満氏の返答であり、姿勢である。現に存在する者を、「そんなものはどこにも存在しない」と言うのも同じことだ。ではどのように存在するのか。『江分利満氏の優雅な生活』全編が答えだというほかない。

この小説は、サラリーマンという歴史的な存在を、それが社会の主役となる時代をとらえきった最初の作品ではないか。

東京だって、その場所を代表する存在が「労働者」だった時代があるのだ。大正中期に行われた社会調査で、近代日本社会調査史の金字塔とされる月島《つきしま》調査というものがある。東京帝大教授で、内務省保健衛生調査会の調査を主導した高野岩三郎《たかのいわさぶろう》は、労働者の街である月島を調査対象に選んだ理由を、次のように述べている。「東京民衆の多数は矢張り労働に衣食する賃銭階級である」「そこで多数の熟練職工家族の団聚する地域は東京の一代表地域と見て正当であろう」[17]

そのようにして月島調査は時代を理解するための重要な文献となった。同じような意味で、昭和三十年代後半の東京を象徴する存在が、サラリーマンであり、江分利満氏である。山口はそのことをストレートには肯定しない。ここに「優雅な生活」の微妙なわだかまりがあるのだ。「優雅な」は複雑な反語である。

経済史学者に言わせれば、昭和三十年代後半は高度成長のただ中だ。だが山口瞳も江分利満氏もそうは思っていないだろう。私の経験では、多くの人が高度成長の果実を手にしたと実感するのはもっと後だ。私の高校時代、同級生の家で自家用車を所有していたのはきわめて少数派だったはずだ。クラスの住所録の電話番号欄は、私の家を含めて歯抜け状態だった（電話のない家など珍しくもない）。私が過渡的と言ったのは、そのような時代にあって「優雅な生活」が直喩のように通じたことを言ったつもりだ。

それはどのように表れているか。分かりやすい例を一つだけあげる。山口瞳の直木賞受賞作が掲載された同じ号の『文藝春秋』には、「閉山」と題する写真特集ページがある。筑豊の大手炭鉱だった日鉄二瀬《ふたせ》炭鉱の閉山を扱った短い写真ルポだ。写真は淡々と、うつむく労働者の姿をとらえる。最後の組合大会には、突き上げるこぶしも怒りもない。手にしているのは、配られた「思い出のアルバム」。それはそうだろう。土門拳《どもんけん》の『筑豊のこどもたち』や、日活のスターが街頭に立った黒い羽根募金からまだ三年しか経っていない。閉山はまだまだ続く。しかし世間は「筑豊」を確実に忘れはじめている。社員食堂の長い列に並ぶ典型的なサラリーマンなどどこにもいないと言うとき、その背中には時代の過渡性が貼りついているのだ。

『江分利満氏の優雅な生活』が一九六三年に出現したことの意味を考えるために、そこに至る山口瞳の経歴を少しだけ追ってみたい。山口瞳が「偶然」に至る前、博打《ばくち》ばかりの日々と、倒産する小さな会社を転々と渡り歩く日々と描いている、その時代である。

山口瞳には自ら私小説と語る自伝的な書き下ろし小説『血族』[18]がある。私は必ずしも山口の追っかけではなかったので今回はじめて読んだのだが、想像とは異なり、『江分利満氏の優雅な生活』と本質的には同じ文体である（『血族』の方がより粘着質ではあるが）。つまり、江分利満氏もやはり私小説だったのだ。だが同じ私小説でも、『血族』は山口瞳にとって、個人的にどこかで終わりにしなければならないことを書いた、親族をめぐる文字通りの「私」小説である。「サラリーマン」というキーワードを通して「戦後」を考えるというなら、『江分利満氏の優雅な生活』はすでに大事なことを言いつくしている。私は文芸評論を書くわけではないので、本稿に必要な戦後の経歴については、中野朗《なかのあきら》の『変奇館の主人——山口瞳評伝・書誌』の方が有難かった[19]。

山口瞳は一九四六年四月から、かの鎌倉アカデミアに通いはじめ、ここで治子《はるこ》夫人と知り合う。同時に翌年九月から、小出版社の国土社で週二回編集者として働く。紹介者はアカデミアの学長をしていた三枝博音《さいぐさひろと》である。編集の仕事を通して、三枝とともに同社の編集顧問であった高橋義孝の知己を得る。このあたりの人脈は、初めて知る者には驚きの連続だ。アララギ派の歌人である吉野秀雄も鎌倉アカデミアで教えていた。山口作品にもしばしば登場する「先生」である。川端康成は鎌倉時代の山口の隣人みたいなものだ。

同じく鎌倉アカデミアで教えた林達夫《はやしたつお》は後に、「東洋大学時代の坂口安吾、法政大学時代の安藤鶴夫、鎌倉アカデミア時代のきみ、この三人の文才を見抜けなかった」と、教師としての「三度の誤り」を語ったという（『血族』六二頁）。山口は、不良学生と言うよりは不良少年だったのだから、そんなことは無理だと書いており、それは事実だろう。しかし山口瞳の場合、時代の混沌は繰り返される父の倒産や、未成年で博打を打っていたということだけに示されているのではないのだ。

しかも混沌の最中、一九四九年に山口は結婚するのである。結婚の少し前には、夫人となる治子に次のような手紙を書いている[20]。

「お客がドナリコンデきて泣いたといわれるのは、ぼくも共かせぎなんていやなのですが、やみ屋にはなれませんので少し我慢（今年一杯位）して下さい」

「殊に僕は将来の社会革命には必ず参加するつもりであり、其の為には、貴方が職業を身につけて置いた方が、万一の場合安全だと思いますのでもう少しご辛抱下さい」（昭和二十四年一月二十一日付）

お客が怒鳴り込んで云々とは、当時治子が日本橋の洋裁店に勤めていたからである。それにしても、将来の社会革命には必ず参加するという言葉に、私たちは驚くべきだろうか。「万一の場合安全」とはどんな場合のことを考えていたのか。社会革命に参加して職を失うという想像なのか。この頃山口は、小田切秀雄《おだぎりひでお》から新日本文学会への入会を勧誘されたことがあるという。

そんな状況が写し出す混沌は、一人山口瞳だけでなく日本社会全体のそれであっただろう。そんなとき、国学院大学卒業前に山口瞳は父親になる。しかも些細な行き違いで、高橋義孝の紹介で決まりかけていた某大出版社（と山口自身は書くが新潮社である）への就職を棒に振るという事態が重なる。このとんでもない状況は、一九五四年の河出書房入社でとりあえず救われる。

それより前、山口は奥野健男《おくのたけお》に誘われて『現代評論』の同人となっている。この事実は、私などにはザワッとくる話だ。若気の至りで、『現代評論』という雑誌の存在は、読んだことがなくても知っている。有名になる前の吉本隆明、奥野健男らが拠っていた同人雑誌だ[21]。奥野健男による編集後記は、「同人山口瞳君の編集に当っての献身的な努力に感謝したい」とある。国土社での編集実務の経験が物を言ったのだろう。それだけでなく、奥野に勧められて小説を書いている。中野朗によれば、「履歴」と題するそれはボツになったが、『江分利満氏の優雅な生活』につながる「私小説」の主題の原型だという。

河出書房への就職は、同社が創刊した雑誌『知性』の編集部員としてである。編集長は小石原《こいしばら》昭《あきら》、編集部員には古山高麗雄《ふるやまこまお》、竹西寛子らがいた[22]。創刊の辞は次のようにうたっている。「戦後九年、ふたたび擡頭して来たファシズムの脅威に抗して、新しい『知性』は発刊されます」「緊迫した世界情勢、激化する社会変動の中に、ふかい祈りをこめてこの『知性』を読者のみなさまにお届けします」

念のための注釈が多くて申し訳ないが、ファシズムの脅威とは日本の話でもあるのだ。インテリの世界には、このような認識が違和感なく受け入れられていたのだろう。雰囲気としてはその後しばらく続くから、私にも多少は理解できる。

そんな河出書房も一九五七年に倒産する。よく倒産する会社だというのは、子供ながら私のイメージにも残っている。そして職安通いをする中、知人の編集者から壽屋（サントリー）宣伝部の編集者募集情報を得るのである。もはや周知の、開高健が編集していた伝説のPR誌、『洋酒天国』である。一九五八年のことだ。山口は、山崎の巨大なウイスキー貯蔵庫をはじめて見たときの喜びを、「俺は、もう、食いっぱぐれがない」と表現した。山口は壽屋の会議で何か発言すると、「それはきみの被害妄想だよ」と言われることがあったという。山口はそれを、あっけなく倒産する出版社勤めの中で、気がつかないうちに植え付けられた危機意識の故だと説明している。

右に見てきた、私からすれば目のくらむような転変と、歴史をかざるような人物との人間関係。しかし不安に満ちた苦しい生活。そんな経緯が、一応安定した生活を得た江分利の、「偶然」だという述懐につながる。偶然ではない、「必然」だなどというのは、何を世間知らずのガキが賢しらにというところであろう。日本資本主義発達史のつもりかい。

既に新進作家として声望定まっていた開高はその年の芥川賞を取り、やがて退職する。山口瞳は『洋酒天国』の編集長となった。メインの仕事はコピーライターである。そこで江分利満氏の「戦後処理」がなされる。戦後処理と言われてお腹立ちの向きもあろうが、まあしばらくお付き合い願いたい。

多くの人が山口瞳編集『洋酒天国』の最高傑作にあげるのが、38号の特集「戦後は遠くなりにけり」である。[23] B5判の一見開きを一年に充てた戦後十五年（一九四五年から一九五九年）の年表がメインだ。見開き右に小さな活字三段組みで年表があり、左にその時代を象徴するもののミニチュアなどの写真によるコラージュを配している。年表は、主として市井の瑣事《さじ》を中心に、硬軟とりまぜた事項（大事件でもそれを小さな事実に落としている）で構成したもので、いまでは珍しくないが、当時としては画期的なものではないか。どうも山口瞳のメモに基づいていると思われる。

普通の年表でも載っているような事件を市井の瑣事として扱うとはどんなことか。いくつか引いてみる。（引用者による注以外のカッコ内は原文）

昭和20・12・15　昼酒を飲むことがみとめられた。（引用者注、本当にそんなことがあったのだろうか）

昭和21・6・13　イングリット・バーグマンの「カサブランカ」が封切られた。（井沢淳——これは〝撃ちてし止まん〟式の映画と何という逕庭であろう）

昭和22・4　聖心女子学院中等1年の始業式で教師が出欠をとるため「マサダさん」とよんだら、すっと立って「ショウダと申します」と答えた色白の丸顔の女生徒がいた。

昭和23・3・13　東京都内374ヵ所の国旗掲揚場の八紘一宇塔が撤去された。

この調子で年表を綴っていって、何をやろうとしたのか。これは結局、『江分利満氏の優雅な生活』に見られた架空世論調査と同じことだ。「戦後15年についてあなたはどう思いますか」に対する江分利満氏の回答の仕方である。「他にどんな答え方があるのだ」ということだと、私は思う。

表紙は旧陸軍の軍装をした俳優の南道郎《みなみみちろう》がさまざまなポーズをとるコラージュ。裏表紙は情けない表情の南道郎が右手に持ったトリスのビンで敬礼している。新兵をいびり倒す悪逆下士官がはまり役だった南道郎の起用は、きっと山口瞳の軍隊時代の意趣返しに違いない。

『洋酒天国』の巻末は投稿欄だが、その下に「洋酒天国三行案内」というのがある。売ります、買いますの三行広告だが、38号掲載の一つに「ヌードダンサーのヒモになりたし。当方36才三文詩人ご連絡乞う〔住所略〕田村隆一」というのがあった。しかし本当に田村隆一が投書したのか。酒場のやり取りでもネタに山口が創作したのではないかという疑念を拭えないが、まあ当時の『洋酒天国』の感覚を知ることはできるだろう。

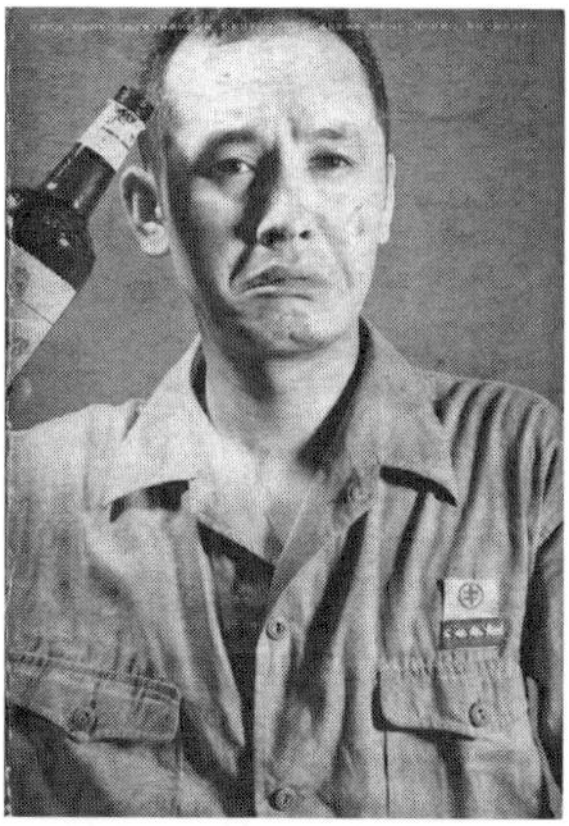

『洋酒天国』第38号の裏表紙

特集「戦後は遠くなりにけり」は好評だった。私から見れば、次第に遠ざかる「戦後」の背中を、当事者の目でとらえようとした画期的な試みである。だが批判もあった。中でも、山口が敬意をはらっていた梅崎春生《うめざきはるお》（近代文学史では第一次戦後派とされる）の、「山口君、戦後は終わっちゃいませんよ」という批評は本人にも堪えたらしい。しかしどうなのだろう。私には、わだかまりを抱えた人にとって、終わったと言っても終わっていないと言っても、同じことのように思える。それはわだかまりの表現の仕方であって、どちらかが正しいという問題ではない。私から見ると、『洋酒天国』の特集に始まり、『江分利満氏の優雅な生活』で一応の決着を見るプロセスは、山口瞳の戦後処理に思えるのだ。

「江分利満氏の優雅な生活」は、はじめ『婦人画報』に連載された[24]。そこに至る経緯は、私にはとても興味深い。

連載の話ははじめ『週刊朝日』の扇谷正造《おうぎやしょうぞう》からあった。山口はかねての「履歴」を膨らませた私小説の腹案を提案し、扇谷も関心を示した。しかし社内の意思決定の問題か何かで『週刊朝日』の話がポシャったあと、『婦人画報』から連載の依頼があったのである。なぜこの経緯が興味深いかというと、山口は扇谷から次のように絡まれているからである。

「おめえはよ、戦中派コンプレックスの権化だよ。何でもかんでも戦争のせいにしやがる。そこを乗りこえないと進歩はねえぞ。」

『江分利満氏の優雅な生活』とは、それに対する回答でなくして何だろう。その方法論はやがて、サラリーマンへの応援歌となって開花する。山口瞳という個人のわだかまりが、江分利満氏を創造することによって普遍化されたのである。実はそうなったとき、私は山口瞳を追いかけなくなった。背景を読み取れなくなったのである。「トリスを飲んでＨＡＷＡＩＩへ行こう」という苦心のコピーに背を向けた戦中派もいたはずだが、それは若造の浅薄さとは別の話だ。

江分利満氏の創造は、個人の頭の中で行われたことではない。昭和三十年代の日本社会という場が必要だった。作家の側から見れば、書きたいと思っていた私小説が、昭和三十年代という場を得たことで書けたということではないか。その場に立ってはじめて、「昭和」を遠望するレンズの焦点が合ったのだ。そして遠ざかろうとする「戦後」の背中も見られたのだろう。

## 五　遠ざかる「戦後」、過ぎ去らぬ過去

むのたけじは先に見た一九五五年の衆議院選挙に大敗したあと、自らを奮い立たせるように、「希望も本当なのだ　共に闘ったK君への手紙」を『たいまつ』紙上に発表した（三二四号、三月十二日）。後世の高みからおこがましい論評をすれば、惨憺たる大敗から読み取れることはいろいろあるはずだ。しかしむのは次のように総括する。

「大衆は大愚であり、同時に大賢です。大愚がいかにして大賢となるか。団結、団結、団結することによってのみ、大愚は大賢の偉力を発揮するのです」

大愚は大賢である。箴言《しんげん》としてはそれでいいのかもしれない。だが箴言とは、超歴史的に通用する言葉である。というか、それでしかない。箴言で選挙結果を総括するのは、分析の放棄でしかないと思う。大愚はこんな「団結」など信用しないことによって大賢となることもあるのではないか。あるいは団結スローガンなどに踊らないことで大賢なのかもしれない。少なくともスローガンを叫

んでいる側より大人なのだ。

これは戦後日本の革新の通弊であるが、それ以上にむのたけじという人の個人的な何かに起因するのかもしれない。「大愚」に裏切られるのは、いま（つまり一九五五年）にはじまったことではないではないか。『たいまつ』の誌面には、初期から次のような切歯扼腕《せっしやくわん》が見られる。昭電疑獄事件にふれた「主張」欄だ（「沈黙の中に亡ぶか」『たいまつ』三二号、一九四八年十月十六日）。

もはや日本の政治と日本の民衆との間には、「つながっている一本の血管も存在しない」。しかしそれよりも、「真に驚きいつたる事実」は、国民の示している反応である。そこには「民族的良識から燃えたつた大抗議」もなければ、「腐肉を断切して正義と公利の上に政治を置こうとする救国の大激流の一うねり」も見られない。

いまこうして書き写していると、ワーディングにまず驚いてしまう。どこかの政党機関紙の見出しなら読まずに屑籠に放り投げるところだ。かくして「主張」は、私などにはなじみの深い魯迅の一句でむすばれるのだ。「沈黙よ！　沈黙よ！　沈黙の中に爆発せざれば沈黙の中に滅亡するのみ」

結局のところ、この「沈黙」は求めた反応が得られなかったということに過ぎないのではないか。だがむのたけじは、そのあともう一度選挙に出てしまう。失礼だが、性懲りもなくと言いたいところだ。経緯から見て、革新共闘に都合よく使われたとしか言いようがない。

一九五八年十月、横手市民主市民連合というものが結成される。社会党、共産党、労農団体、一般市民層を糾合した、横手市では戦後初めての連合戦線だという。実際は翌年四月の市長選をにらんだ、革新統一候補擁立の動きであろう。候補者としては、衆目の見るところ鈴木清（戦前にプロレタリア作家同盟の活動歴がある共産党員で、戦後県知事選に惜敗）であり、むのも熱心な擁立派だったという。ところが公示一か月前に社会党と一部労組が反対し、むの擁立となる（『雪と足と』一四四～一四五頁）。

むのは一四七五票で落選した。当選した現職の八分の一だったそうだ。組織労働者の基礎票だけで三千はあるのに。「私の内面はずたずたに裂けていた」のだが、むのはそれを「それまで十二年間の横手生活の自分の一切に対する断罪」と受け止める（同一四六頁）。いつもそうなのだが、むのの自虐的な受け止めはあまりに誇大に思える。革新共闘の党派的利害関係から急遽担ぎ出された（本人も断るつもりだった）選挙の結果について、なぜ「自分の一切に対する断罪」と考えなければならないのか。どこか変だよ、むのさん。

むのたけじは、打てども響かぬ沈黙をどうとらえていたのか。むのも問題の所在にはずっと前から気づいていた。問題は革新勢力の基礎票ではなく、今日の言葉で言えば無党派層である。

「不毛を克服するには政党の脱皮・前進とともに、それをもうながすものとして国民大衆の九割以上、言うなれば〈無党無派〉というこの広大な党派が政治的に成長し、政党に影響を与え、現実に政治をコントロールできる存在となることがカギだと思わないわけにいかなかった。」（傍点原文、『雪と足と』一三四頁）

だが「広大な党派」は選挙のためだけに存在するのではない。マスメディアや大学の研究者ならいざ知らず、地域に密着した小新聞ならば、彼らの日常の襞《ひだ》にまで入って声を聴かなければならないだろう。そんな疑問を呈したら、むのと『たいまつ』こそその実践者ではないかと叱られるだろうか。確かにむのは高度成長以前の東北農村を自らの足で歩き、農民の声に耳を傾けた。講演の数は数千回にのぼるだろう。

言われるまでもなく、むのたけじがいかに雪の中を足で歩いたかは、私だって知っている。昨日や今日の読者ではない。だが、むのたけじが見て聞いたものは、書かれるときには常に、克服されるべき現実、あらかじめ意味を定められた現実でしかなかったのではないか。再読を通じての私の感想は、むのによって語られる農民生活のディテールは、実は意外と「大文字」で書かれているということだ。

本章のはじめの方で引いた、大見出しより三行記事が大事という「小記事重視論」に戻ってみる。一九五〇年、平鹿郡沼館《ぬまだて》町の婦人会総会である。同年二度目の訪問は、「ナント先生ダバ、えらいハッケミだ。ぴったりとあたったもんだ」と迎えられたという。前回の講演で話したのは、新聞記事から社会問題をどう読むかであり、持参した新聞の小記事は、「アメリカの失業者数が二月末現在で戦後最高の四百六十万人に達した」というベタ記事である。

太平洋戦争の四か月前にも　アメリカの失業者は五百六十万人にも達していた、こんども四か月後の六月末あたり、場所は目下の情勢からして朝鮮がキナくさいから気をつけていようと話したのが、「ハッケミ」のようにぴたりとあたったというわけだ。朝鮮戦争の勃発は六月二十五日である。北朝鮮による侵攻が明らかとなっている今日と違って、当時は日本でも多くの人がアメリカと韓国が仕掛けたと思っていたのだ（私も）。

二度目に呼ばれた頃のジャーナリズムでは、南北どちらが先に手を出したかと議論していた。しかし「沼館の婦人たちはそういうことには関心を示さなかった」という。どちらが先に手を出したかという議論は、本質とは関わりがないと言わんばかりだ。ではこの場合の本質とは何か。むの自身の表現を使えば、「資本主義社会で失業者の増大を国内矛盾の解決に求めないで国外へ尻をもっていけば、戦争という名の大消費を誘発しがちなこと」である。こんな議論が、本当に農民の皮膚感覚にふれたことになるのか。

最初に読んだとき私が得た教訓は、「平凡な形をした現象の中にこそ大切な本質がある」という考え方だ。一般論として間違っているとは言えないが、具体的な現実認識としてはまた別の話である。

もう一つ例をあげる。朝日新聞の入江徳郎《いりえとくろう》をはじめとする記者団が北朝鮮を訪問した。その帰国座談会の話題だ。朝鮮総連の機関紙の記事は、記者が伝える「朝鮮民主主義人民共和国のすばらしさが、日本国内に驚きの波紋」を投げかけたと報じたらしい。ある地区の青年研修会でこの話題に、「どうもウソくせえなナ」「あの通りなら極楽だ」と話すものたちがいたらしい。それに対するむのの論評は、「他国の善事をすなおに喜べないあの精神、あれは何だろう。シナやチョウセンにゆえなき侮蔑感を持った旧日本人とは無縁のはずの年齢層の、あのひからびはどこからきたものだろう」である（『雪と足と』一六四頁）。

むのは農民のどんな声を聴こうとしていたのか。「ひからび」の中に真実はないのか。むのが皮膚感覚で知っているると確信する農民の声は、実は等身大に描かれてはいないのである。[25]

高度成長の波は東北の農村にも押し寄せる。それに対して、むのたけじは想像通りの反応を見せる。「サラリーマンが月賦のやりくりで便利な道具をそろえるとそれで「文化生活」だとするような脳みそは、いくらコトバを粗末にする日本でもひどすぎた」「文化の本質からすれば正反対のことだった」(『雪と足と』一七八頁)

このコメントに対する東西電機の営業マンの声を聴いてみたいものである。だがこの時は、むのたけじも突っ張ってばかりではない。東北農民の大量の出かせぎは、営農意識も家庭生活も混濁させているとむのらがマユをひそめるのに対して、新世代の女性たちはケラケラ笑ったのだという。「カネがなければしょうがないでしょう」「何も深刻がることはないではありませんか」(同二一四頁)

このとき、むのの論調はこれまで見てきたものと少しニュアンスが異なっている。むのは不安を抱きつつも、若い世代の中に生まれつつある、それまでとは違う何かに気づきはじめていたのだ。それが若い世代への「不安」という表現になって表れている。もう一つ踏み込みきれない及び腰の発言だが、それまでのような、まるで日本列島の歴史の責任をすべておっかぶせるような物言いとは異なる。

「目ざめは、私たちにとってあきらかに遅すぎたが、彼らは早すぎるのではないか」(同二二六頁)という表現は、今ひとつ含意が曖昧だが印象的である。むのは異質なものの誕生を認識してはいるが、その評価は腰が引けている。むのの「不安」は、物事を本質的に組み立てていく力が、「私たちの場合とはちがった角度だが私たちと同じ程度に、彼らもやはり弱いのではあるまいか」、というふうに語られる。それをむのは「歴史意識のひよわさ」だという。

しかし考えてもみよ。高度成長以後の巨大な変動は、宇宙空間に作用するうかがい知れないエネルギーのように、歴史の遠近法をねじ曲げ、押しつぶしたようなものである。歴史意識などというものはひ弱どころか、凄まじい勢いで希薄化し、いまや（この原稿を書いているいまだ）風前の灯火ではないか。むのが不安を感じた彼女たちの認識（感覚でもいいが）は、歴史の現在を正しく反映していたのではないか。むのが危惧した「彼らは早すぎる」とは、予見的ということだったのではないか。

むのは、「私たち古い世代が自分らの責任を完結しなかった破廉恥のせいであるが、〈戦争〉は終わらぬどころか、むしろ濃くなっていくように私には思われる」と語る。そのような中で、戦後世代の歴史意識の希薄は「致命傷」だと言う（同二一六頁）。だが歴史に主体的に向き合うことと、観念的な自己責任論に終始することは別の話だ。そしてむの自身の「歴史意識」とは、「戦争」を、そして「戦後」を終わらせぬことによってしか持続できないものではないのか。むの自身が、そのように構造化してしまっているのだ。むのの現実批判がいつも、百点満点でなければ落第と言っているように見えるのは、そのせいではないか。

無理を承知で言えば、むのはこのとき、彼女たちの〈軽さ〉について、それまでの営みの全重量をかけて考察すべきだったのだ。もちろんこんな言い方は、私の方が調子に乗りすぎなのだろう。しかしいま再読すれば、そんな感想しか出てこない。

こののち、むのたけじは一九八〇年代になってヨーロッパに行く。むのはヨーロッパの農業と日本の農業を比較し、日本の農業自給率の低下を批判する。[26] それは批判と言うより断罪だ。三〇%そこそこに下がった穀物自給率を更に引き下げようとするのが日本の政策だという。工業製品の輸出に重点を置く政策がそうさせているという。そもそもこれは、事実認識として正しくない。しかしそれ以上に、次のような発言はもはや単なる暴走である。

「彼らと我らとのこのちがいは、判決でいえば無罪と死刑とのひらきとなって、やがて実証されると思いますね」

何がどう実証されたのか。批判は自由だが、「無罪と死刑とのひらき」などという必要がどこにあるのだ。私は別に興奮しているわけではない。軽い若者に出会ったとき、かすかに感じられたあの感覚はどこに行ったのかと思うのだ。ほとんど唯一のチャンスを逃したとしか思えない。

ここだけ取りあげて躍起になる必要はないのかもしれない。むのが頑なになるのは、他の要因もあるだろう。たとえば、かつてむのに対する翼賛演説をしていた人たちは、こっそり退場しはじめていた。国民に向かって語りかけるむのの後ろには、支持する多くの知識人が控えていたはずだ。しかし、あるときふと振り返ってみたら、知らぬ間にみな手にした銃を置いて、こっそりその場から立ち去っていた。経済の高度成長を違う角度から言うと、そういうことになる。

## 小括——合わせ鏡の効用

本章の冒頭で、途中で放り出す気は起こらなかったと書いてはみたものの、かつてむのたけじに入れあげた者としては、結構辛い再読ではあった。むのたけじはどこかで一度、山口瞳が「サラリーマン諸君」に言ったのと同じことを、東北の農民に言うべきだったのではないかとも思う。

この二人に対話は成り立っただろうかと、ふと考えて見る。同時代に文字通りのそれを期待するのは不可能だろう。しかし「戦後」を考えている私には、成立させる義務があるのではないかという気もする。

対話させるのは難しいが、こう考えてみるのはどうか。むのたけじと山口瞳を、それぞれを照らす鏡としてみる。それぞれがそれぞれを照らすことによって、同時代人にとっての「戦後」というものが見えてくるのではないか。

もう一度、山口瞳に向けられた扇谷正造のことばを思い出してみる。むのと山口は年齢は少し離れているが、「戦中派コンプレックスの権化だ」という点ではどちらも同じではないか。この二人は意外に近いところにいたのかもしれない。私の評価では、コンプレックスを正しく乗りこえたのは山口だと思う。なぜそう言えるのか。山口は扇谷正造の批評を受け止めつつ、そのまま呑み込んだわけではない。「そんなものはどこにも存在しない」は、批評の逆説的な受容だ。

「そんなものはどこにも存在しない」は、サラリーマンを歴史的存在として位置づけ、救済するための方法なのだ。当時の私は馬鹿なガキだったから、「サラリーマン諸君」という呼びかけを軽薄としかとらえられなかった。後で覚えた言葉で言えば、流行作家になって自己模倣が始まったと判断し、山口瞳から離れた。まあ、他に夢中になることができたということもあるが。

『江分利満氏の優雅な生活』が刊行されたのは東京オリンピック（一回目）の前年である。当時は気がつかなかったが、オリンピックについて三島由紀夫が、やはりやってよかったのだ、これをやらなければ日本人は病気になっていただろうと述べている。[27] じつは私には三島の文学作品はどうも肌が合わないのだが、この発言は面白い指摘だと思う。山口瞳の江分利満氏は、同じような意味で日本のサラリーマンの病気を救ったのではないか。山口瞳が書かなければ、他の誰かが書く必要があったのだ。私はそれが他の誰でもない、山口瞳の『江分利満氏の優雅な生活』でよかったと思う。

**【補注】**

山口瞳『江分利満氏の優雅な生活』について、連載執筆時にはまったく気がつかなかった研究について一言しておきたい。鈴木貴宇『〈サラリーマン〉の文化史 あるいは「家族」と「安定」の近現代史』（青弓社、二〇二二年）の終章「漂泊への決別、あるいは「平凡なサラリーマン」として生きることの覚悟――山口瞳『江分利満氏の優雅な生活』論」である（書名も章タイトルも長い！）。

この本が刊行されたのは、私の連載の掲載号発行の一か月前であり、しかも鈴木氏の終章は全編書き下ろしだ。気がつかなかったのは仕方がないということにしてもらうとして、私は一読してちょっと驚いた。私が江分利満氏の勘どころと思っているところにふれた文章を、はじめて読んだ気がしたのだ。著者のさまざまな分析の道具や概念は、率直に言って私には邪魔くさい。結論めいた部分になると、社会学が提供する表象が踊っているだけのようにも思える。だがそれは著者の問題ではなく、私の視野の問題であるのかもしれない。

私が自身の個人的な体験に還元しすぎていた部分は、じつは普遍的に広く了解可能であったということだろうか。普遍的が言い過ぎなら、歴史として理解することが可能と言い換えてもいい。鈴木論文には、そう思わせてくれるところがある。江分利満氏、以て瞑すべし。

江分利満氏はそれでいいと思うが、一応研究者である私はそうもいかない。いずれ何らかの応答を試みたい。

【註】

1 新聞の題字は『週刊たいまつ』であるが、以下では活動のシンボリックな意味も含めて、『たいまつ』と表記する。週刊は常に守られたわけではない。全号の復刻版が刊行されており、それを利用した（『週刊たいまつ復刻版』全五巻、不二出版、二〇一八年）。

2 文庫を含む各版については書誌を参照。本稿で引用の頁数を示す場合は、参照の便宜のため岩波現代文庫版を用いる。

3 よく知られる大宅壮一を団長とする宣伝班の一員である。むのは現地で、宣伝班の発行する新聞『うなばら』の従軍記者座談会（大宅壮一司会）に出席している。むのの発言が見られるのは五回にわたる連載中の二回のみである（あたりまえだが武野武治名）。座談会は木村一信編『南方徴用作家叢書11 ジャワ篇』（龍溪書舎、一九九六年）に収録されている。なお、以下本章では本名表記に意味がある場合のみ武野武治を用い、ほかはむのたけじに統一する。

4 むのたけじ『雪と足と』（文藝春秋新社、一九六四年）

5 以上のほかに初期の寄稿者で目立つのは佐々弘雄（参議院議員、緑風会）、後には清水幾太郎、高野実などである。初期の模索ぶりがよくわかる。

6 むのは、「のちにかくれもない親ソ派として話題をまいたその人」と書いている（『雪と足と』一三三頁）。親中派のむのの反感が垣間見える。

7　仁科悟朗「満州国の建設者――石原莞爾・浅原健三」（思想の科学研究会編『転向　共同研究』下巻、平凡社、一九六二年）。

8　同右、一九二頁。

9　木下半治『日本の右翼』（要書房、一九五三年）、一九〇頁。

10　『たいまつ十六年』、一八九頁。

11　松田利彦『東亜聯盟運動と朝鮮・朝鮮人』（有志舎、二〇一五年）、一九七頁。典拠史料は『協和党報』（一九五五年八月）および『公安調査月報』（一九五三年二月）である。『公安調査月報』は復刻版があり、確認したところ機関紙『のろし』の編集にはふれられていないので、これについては『協和党報』（「中央事務所日誌」）に拠るものと思われる。『協和党報』は筆者は未見である。やや不思議なのは、当該号が一九五五年八月となっていることだ。そうだとすると労働農民党の公認をめぐるゴタゴタのあった二月の総選挙の後である。協和党との関係は簡単には切れなかったということであろうか。あるいは「中央事務所日誌」の記載はそれより前の時期についてなのだろうか。付言すると、松田のこの本は朝鮮史研究者以外からはあまり注目されないが、着眼と実証の両面で重要な研究である。

12　『公安調査月報』一―六（一九五二年十二月）、一三二、一四〇頁。

13　『公安調査月報』二―二（一九五三年二月）、七七頁。

14　藤原弘達『現代日本の政治意識』（創文社、一九五八年）。後年の藤原弘達が好きか嫌いかは別にして、これはいい本である。特に主論文「右翼ナショナリズムにおける戦後的特質の所在――その思想的立場の問題――」は、一九五一年から五二年にかけて実態調査を試みた右翼団体の思想的立場を中心としながら、その戦後的特質を探ろうとしたものである。何より藤原は、協和党をはじめとする当事者にインタビューしているのだ。

15　以上は、一九五二年七月二十七日の新庄市における藤原弘達による談話筆記である。

16 『週刊たいまつ』第二七二号（一九五四年一月一日）。
17 有馬学『日本の近代4「国際化」の中の帝国日本』（中公文庫、二〇一三年）、三一四頁。引用原本は『生活古典叢書6 月島調査』（光生館、一九七〇年）。
18 『血族』（文藝春秋、一九七九年）。ここでの本題ではないので詳述は避けるが、『血族』を読んで一番イメージが違ったのは、山口の母についてである。たとえば『江分利満氏の優雅な生活』を読んだだけの読者は、山口瞳が先生と呼ぶ（実際に山口を國學院大学に入学させた先生だ）高橋義孝に、「先生、お召しものは結構でございますが、この雪駄の鼻緒はおかえになったほうがよろしいわねえ」（五六頁）と言ってしまう山口の母を想像できるだろうか。山口の母は、終戦直後に魯山人を一窯そっくり買ってしまう人だったという（七三頁）。
19 中野朗『変奇館の主人――山口瞳評伝・書誌』（響文社、一九九九年）。この本は本当に好きな作家について調べ尽くすという態度に貫かれていて、書誌にうるさい人に時に見られる嫌味なところがなく、気持ちよかった。以下、壽屋入社以前の山口瞳の経歴については、特に断らない限り同書による。
20 山口治子「山口瞳のラブレター」（『中央公論』一九九六年八月号）。
21 創刊号（一九五四年六月、現代文学社）の編集委員は、奥野健男、菊池昭春、清岡卓行、都留亮、野島薫、服部達、伴野達也、日野啓三、村松剛である。
22 『知性』創刊号（一九五四年八月号）「編集後記」。山口瞳の名は、第二号（九月号）までしか見ることができない。
23 一九五九年七月二十五日発行。扉の表記は「戦後は遠くなりにけり　特集・戦後15年史」である（ちなみにもう一つの特集は「女」だ）。本文で紹介する「年表」のほか、和歌森太郎の「概観 戦後十五年史」も、短いが力のこもったこの人らしいものだ。和歌森太郎はかなり知られていたが、日本史学界で正統派とは扱われていなかった。和歌森を起用したことに注意すべきだ。

24　一九六一年十月号「結婚の条件」（単行本収録時に「しぶい結婚」と改題）から一九六二年八月号「昭和の日本人」まで一一回。

25　選挙の「敗北」の後、アジアへの傾斜はさらに強まる。むのたけじの「アジア」は意外と射程が短いと思ったのが再読での感想だ。

26　むのたけじ「ヨーロッパで考える」（『暮しの手帖』七〇号、一九八一年一月二日）。むのによれば、一九七九年五月に英、仏、スペインなど六か国、八〇年六月に東欧、オーストリア、西独など五か国を回っている。観光旅行ではない。何を見に行ったのか。「戦前」の新たな到来をひしひしと感じ、ヨーロッパが爆発の引金となる恐れが最も濃いからだという。ここまで来ると、もはや宗教ではないか。私が最初に再読の感想を「困ったな」と書いたのはこういうことだ。

27　三島由紀夫「東洋と西洋を結ぶ火」（『毎日新聞』一九六四年十月十一日）。講談社編『東京オリンピック』（一九六四年）、『三島由紀夫スポーツ論集』（岩波文庫、二〇一九年）に収録。これは開会式を見た感想である。

第三章

# 『暮しの手帖』という問題

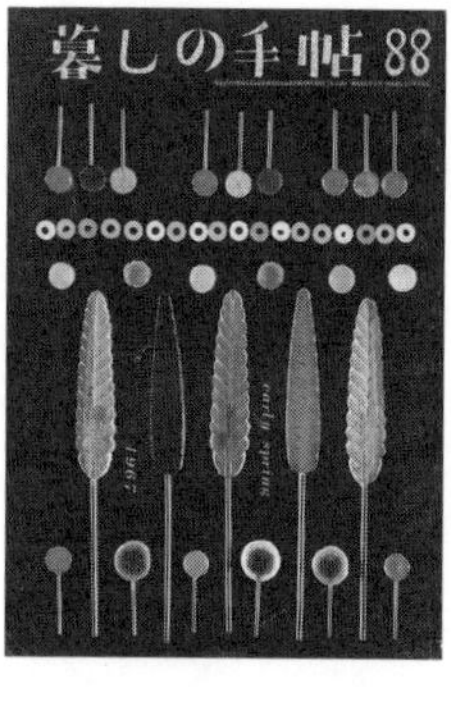


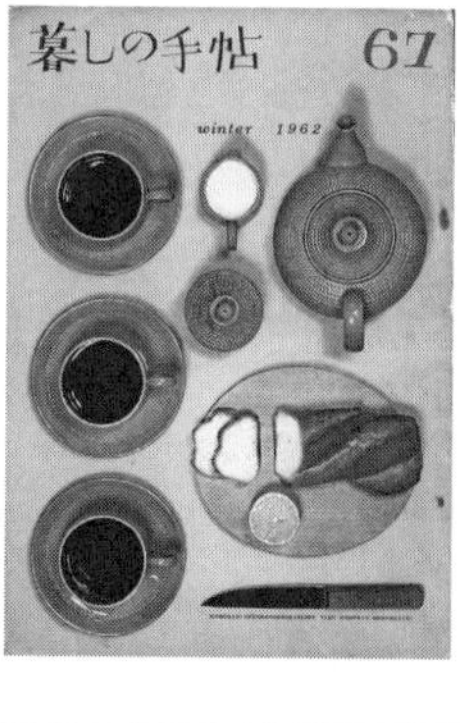

## 一　なぜか気になる『暮しの手帖』

花森安治《はなもりやすじ》と『暮しの手帖』は、日本近代史研究を職業とするようになった頃から、ずっと気になる存在であった。それについて論文を書くと思い定めたことはないが、そこには何かがあるという感覚は、ずっと持続していた。その何かをうまく言い当てることはいまもってできていないのだが、わずかな手がかりはなくもない。それは『暮しの手帖』が、ごく短い時期ではあったが、私のきわめて私的な生活経験の中にモノとして在ったということである。

それは個人的な事情だが、しかし青少年期に自宅にあった『暮しの手帖』を読んだ体験から、花森安治を論じはじめる人は少なくないと思う。[1]私もその顰《ひそ》みにならっているのであり、それは事実なのだから何も恥じる必要はないのだが、しかし何となく気恥ずかしいのはなぜだろうか。いずれにしても、いま私の手元には表紙の取れそうなくらい劣化したものも含め、十冊足らずが残っている。購読していたのは母である。一番古いもので六七号（一九六二年冬号）、新しいもので第二世紀（『暮しの手帖』は百号を超えた一九六九年から号数を改めて第二世紀と称する）の初期のものまであるから、少なくとも十年前後は読んでいたことになる。もっとも、その間ずっと定期購読していたかどうかは定かではない。

引っ越しのたびに痩せ細りながらもわずかに残されていたものを、母の死後に引き取ってきたものである。母の遺品はかなり思い切って整理したので、持ち帰ったのはなにがしか引っかかるものがあったからであろう。手元に残る何冊かの間に何か脈絡があるわけではない。だから内容とは関係なしに、『暮しの手帖』というものを手元に残す意志が私に働いていたのだと思う。それだけ気にかかるものだったのだ。この原稿は、なぜずっと気にかかっていたのかを言語化する試みである。

その試みを、花森安治研究でも『暮しの手帖』のメディア史でもないやり方で考えてみたい。昭和三十年代から四十年代にかけて、『暮しの手帖』が家にある家庭は、どんな暮らしをしていたのかという視点から考えたいのだ。毎号買っていなくてもいい。とにかく、『暮しの手帖』が家にあるというのはどんな家庭なのか。もちろんそれはかなり幅がある話なので、一義的に定まるわけはない。だがどんな幅があったのか、そのことに私は関心がある。

## 二　『暮しの手帖』がある家庭――我が極私的環境

最近になってはじめて気づいたことだが、私の父の生き死には花森安治とほぼ完全に重なっている。花森は一九一一（明治四十四）年十月二十五日に生まれ、一九七八（昭和五十三）年一月十四日に亡くなった。父は一九一二年三月六日生まれで一九七八年五月二十一日歿である。花森より四か月と少し後に生まれ、四か月と少し後に死んだ。一年違いだが父は早生まれだから学年は同じだ。花森は生まれ育った神戸を離れて旧制松江高等学校に進み、父は出身地である鹿児島の第七高等学校に入学、どちらも東京帝国大学文学部に進学している。花森は高校に入るとき浪人しているが、それは大した違いではない。二人は同年の卒業である（父は一年遅れの卒業）。

大学での花森は、教室ではなく『帝国大学新聞』（東大）の編集部に通っていたらしいし、父は大学が面白くなかったのであまり行っていないと話していたから、それと知らずにすれ違ったことがあるかどうか、まあ赤の他人である。だから花森と父が同学年であることに特に意味はないと言えばない。しかし私自身には、考える対象との距離感を測定するのに、多少とも役立つという感触がある。ほぼ完全に同じ時間を生き、短期間ではあるが同じ空間に存在した人間が肉親であるということは、この文章を書いている私の姿勢に影響するように思う。どう影響するのか、とりあえず書いてみる。

突然だが、あなたは「ほくさんバスオール」というものをご存じだろうか。私は知っている。というより我が家にあった。これは何というか、思い出すと少々切ないものである。私以外の家族、妹と両親はこの世にいないので少し救われる。健在だったら書きにくかったかもしれない。「ほくさんバスオール」は『暮しの手帖』八八号（一九六七年二月号）に紹介されている。記事のリードには、テレビコマーシャルでちょいちょい見うけるとか、編集部への問い合わせが増えたなどと書かれているから、それなりに話題にはなっていたのだろう。それがどんなものか、誌面には写真があるので一目瞭然だが、見たことのない人にことばで説明するのはちょっとむずかしい（しかしここは意地でも説明するぞ！）。後継会社は某大企業の子会社として現在も存続しており、ウェブサイトの年表の冒頭には、一九六三年わが国初の屋内設置型ユニットバス発売と書かれている。しかし今だってユニットバスは屋内設置だ。この書き方では、いかに画期的な商品なのか全く感じがつかめないと思う。

これは室内に置ける簡易な風呂なのである。室内に置けるというところがミソで、見た目はプラスチック製の「宇宙カプセルみたいな箱[2]」だ。誌面データでは幅約一メートル、奥行き七〇センチ、高さ約二メートルというサイズだ。下約四分の一くらいが逆台形、その上に背の高い台形をつないだような形が外形、といって伝わるだろうか？　下部の逆台形の中に湯船が入っており、入り口は上部の背の高い台形部分の壁が、台形と相似形に切り抜いてある。その横にガス給湯器（記載は今や死語の「瞬間湯沸かし器」）が取り付けてある（一〇一頁の写真で答え合わせをどうぞ）。入るときは「やっこらや、と入り口をまたいで、どっこいしょ、と湯ぶねに体をしずめる」。

しかしこの宇宙カプセルの本当の工夫は、最大部分でもたたみ半畳くらいしかない面積で、湯船につかり、体を洗い、石鹸《せっけん》を流したあと、お湯を入れ替えることなく、もう一度湯船につかることができるようにした点である。分かるようにご説明しよう。

やっこらやと湯船に入るところまではいいですね？　そのあとの洗い場はどうするか。この湯船には現在の家庭のバスタブにもあるような、パタパタと折り畳めるフタがついている。これを半分くらい開いてその上に乗り、残りの半分を広げて湯船に完全にフタをする。ここにあぐらをかいて、その上で洗うのだ（心配しなくてもフタ部分の強度は確保されている）。もちろん入り口にはビニールのシャワーカーテンがついており、シャワーを浴びても水は外に出ない。フタを広げた面積は湯船より少し広く、湯船とカプセルの間は隙間があるので、洗い流したお湯はそこから流れて底面に取り付けられた排水ホースで排水される。洗い終わって綺麗に流したあとフタを折り畳めば、もう一度湯船に浸かることができる。近くに排水できる場所がないとダメだが、ホースを長くすればなんとかなる。

難点はもちろん狭小なことで、膝を抱えて湯船に入るのが情けないとか、フタを半分開いてその上に乗っかり、然る後に残りを閉めるという、まあ言葉で言うほど曲芸的ではないのだが、裸でそんな格好をしている我が身を想像したくないという人には全く不向きだ。だが占有面積が狭いということは、当然ながら場所を取らないということでもある。風呂場がなかったり造る余裕がない家でも内風呂が持てるのだ。実際に写真で紹介されている設置例では、玄関、物干し台、台所から居間（もちろん畳の上だ）まである。ウェブで検索すると、集合住宅のベランダという使い方が結構あったらしい（なるほど）。

これが紹介されているのは、「買うだけのねうちがあるか TO BUY OR NOT TO BUY」というコーナーだ。他に取り上げられているのはピースター万能鍋、東芝料理ポット、明治クレミーホイップ・パフェ、こども用化粧クリーム、すべて私は見たことも聞いたこともない。評価の方は、条件付きだがいいものだというのから、よくまあなくもがなのものを次々にという類までさまざまだが、「ほくさんバスオール」の扱いだけは、他の商品評価と文章のトーンが明らかに違っている。明瞭に買ってはいけないとは書かれていない。買った方がいいとも書かれていない。ではどう書かれているかというと、そのあたりが『暮しの手帖』としては少し異例の扱いで、買った人間の思いを忖度するというか、最後のところでどちらかに断定することを避けている。

商品テストとは扱いが違うので、しつこいまでの実験を経た評価ではない。そのかわり二〇軒ほどの購入者から話を聞いている。「そりゃ狭いです、しかしいいものです、満足しています」というのが、とりわけ主婦たちの一致した意見だという。主婦たちとはほとんどの家庭での購入決断者である。もちろん「亭主野郎」の中には少数意見もある。いつでも好きなときに家で入れるのはありがたいが、銭湯で思う存分足を伸ばしてゆったり入る気分にはとても及ばないという。そりゃそうだ、ごもっともです。「わたしゃ入りません」というおばあさんもいた。昼間のうちに銭湯に行くという。

しかし『暮しの手帖』はこれらのきわめてまっとうな少数意見を、最終的には結論にしていないのである。「ほくさんバスオール」は、まともな風呂場を造る余裕がある人には、あるいはどしゃ降りの日でも銭湯へ行くのが苦にならない距離なら不要なものだ。そんなことは分かりきっている。しかしいまの生活で内風呂は無理だ。そんな主婦たちに歓迎されていることに、『暮しの手帖』はとりあえず寄り添うのである。

家の風呂なんて自分たちには無縁とあきらめていた主婦の感想を引く。「そりゃアラを探せば、狭いのなんの、いろいろ言えるでしょうけど、これでもどうにか子供と一緒にも入れるし、こうして家中が自分の家で、お風呂に入れるんですもの、それだけで、ほんとにもう幸せだなあって気がするんです……」。取材相手の談話のまとめ方がいかにも花森的に見えるが、そうでもないのかな？

使う側の心情に依拠して「このへんが、結論だろうとおもう」とまとめるのは、他の商品テストでは見たことがない。いつもの商品テストの手法に照らせば、客観性、公平性に欠けるとも言えるかもしれない。しかし次の結びは、使った経験のある私には説得力があるものだ。

「とにかく、これは、まるで、いまの日本の庶民のチエとねがいが、執念のようにこめられているみたいなめずらしい商品だといえよう」

『暮しの手帖』を論じる人は、なぜこの記事に注目しないのだろう。私は今回あらためて読み直してみて心底そう思う。

さて我が家についてである。迷った末に買うことを決断したのは、ご多分にもれず主婦である母だ。こんな場合、父はめったに意見を言わない。銭湯との比較考量ですか？ そこがきわめて微妙なのだ。微妙なのは、このとき住んでいた家が、構造的にも、なぜそこに住むようになったかという経緯からも、ちょっと特殊だったことによる。

その前に住んでいたのは木造平屋の借家で、玄関の続きの三畳と四畳半、八畳の三間に家族四人が住んだ。引っ越した当座は寝たきりの祖母がいた。というより、祖母と同居していた独身の伯母が入院してしまったため、母が祖母の面倒を見るために我が家が引っ越したのである。家賃は祖母のかかりも含めて伯父（母の兄）から出ていたはずで、伯父にすれば母への経済的な援助の意味もあったのではないか。この家には借家とはいえ風呂があった。よくある桶型の湯船で、マッチで火を付けるガス釜である。膝を抱えて入るのに近く、洗い場は一人座ればいっぱいだが、それでも内風呂には違いない。

問題は祖母の亡くなった後である。家賃を払ってもらう理由はなくなったが、その後どうするのか。これは私の想像だが、母と父の間で、ややこしいやり取りがあったのではないか。

たまたま父の勤務先の所有地が空いていたのでそこに移った。本造二階建ての、事務所に使っていた建物なので、古くてあまり使い勝手はよくなかったが、我が家にとって専有面積はそれまでで最大である。引っ越したのは一九六七年、私は大学二年になっていたが、このときはじめて自分の個室というものを持った。

部屋は全部二階にあり、普通の住宅のような木の階段を下りると、一階部分はすべてコンクリートの三和土《たたき》（なにせもとは事務所だ）、ここを台所と食堂のように使った。その一隅にバスオールがおさまったわけである。偶然が左右した、ゆったりした空間にせせこましい風呂という配置である。

肝心の価格だが、『暮しの手帖』誌面では六万三千円とある。かのブルーフレームも高価だったが、その三・七倍だ。[3] よく思い切ったものだと思う。どうやって工面したのか、いまでも不思議だ。もっとも、金銭面でいえば、この頃母は戦後の生活の中ではじめて、わずかながら余裕を感じていたのかもしれない。この家に引っ越す少し前から、父はもとからの勤務先と、伯父の経営する木材を扱う商事会社とかけもちするようになっていた。伯父の援助の継続だったと思う。加えて、おそらく家賃を払わないで済んだはずだ。

狭いとはいえ内風呂のある生活を数年間続けたあと、銭湯に通う暮らしに戻るか否か。バスオールは無理すれば買えなくはない。買うかどうかの判断に際して、思考と感情が綯《な》い交ぜになったそんな力学は、当事者にとって些細なことでも単純な問題でもないと思う。

一九六〇年代後半の私的環境とは、整然と段階的に区分されるような代物ではない。先に我が家の住環境は少し特殊と書いたが、実はどの家庭もその程度には特殊なのではないか。大衆消費社会は到来しつつあったとはいえ、個別には複雑な陰影をともなっていた。不連続に入れ子になっていると言えばいいだろうか。一律に、滑らかにツルツルしているのは、そこに侵入してくる工業製品である。そしてこの状況は、商品テスト全体をとりまく環境でもあったのである。その不連続性こそが、『暮しの手帖』を屹立させていたのではないか。

断定してしまえば、『暮しの手帖』は知的にも美的にも洗練されたものである。しかし、である。庶民生活が大衆消費社会の構成要素としていまだ成熟を欠いていたとするなら、『暮しの手帖』の洗練も、いくらかはその未成熟を反映していたのではないか。それが、ほくさんバスオールという、ある種奇形的な、しかし安くない商品に、「庶民のチエとねがい」を認めて寄り添う姿勢の根拠である。商品テストが示した独特の迫力もまた、実はそのことによってもたらされていたのではないか。

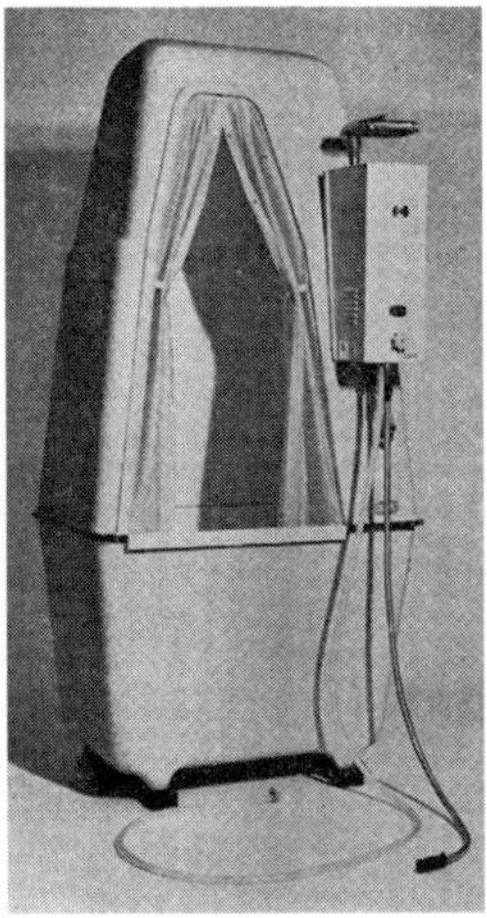

**ほくさんバスオール**（『暮しの手帖』88号より）

## 三　商品テストとは何だったのか――記号としてのブルーフレーム

私にとって『暮しの手帖』の商品テストは、多くの人と同じように、何たってアラジンのブルーフレームだ。もちろん石油ストーブの商品名である。ブルーフレームの名を高からしめた石油ストーブは、商品テストの中で最もよく知られたものだろう。[4] それは推奨された商品が爆発的に売れたというだけの理由ではない。

使い勝手や経済性、安全性にこだわった、消費者側の視点に立った独自かつユニークなテスト項目と評価方法、そのための手法の開発、結果を伝達する誌面デザインなど、すべての面で『暮しの手帖』の哲学が集約されたようなものである。そこでは、温度の上昇時間や伝達効率を測るために、巨大な冷蔵室の中に部屋を一つ組み立ててしまう、花森の指示で火のついたままのストーブを倒してしまうなど、破天荒な手法が用いられた。

しかしそれ以上に、石油ストーブという商品が日本の一般家庭に浸透していくタイミングとシンクロしていたことが大きかった。それでも卵が先か鶏が先かで言えば、この場合あきらかに『暮しの手帖』が先だったと思う。同時に、八年間で三回にわたって行われた継続的なテストを通して、国産の中で推賞できるものは一つもないとバッサリ斬られた一回目（一九六〇年）から、おすすめのA評価ではないが、価格面のアドバンテージでお買い得のB評価を獲得した二回目（一九六二年）、アラジンと並んでA評価にランクインする国産が二点出てきた三回目（一九六八年）と、高度成長期の耐久消費財のあり方をなぞるような軌跡をたどっている。

これらのテストを通して、一貫して指標（物差しであり到達目標）であり続けたのが、アラジンのブルーフレーム（英国製）だ。私の母などには、呪文のようなマジックワードだったと思う。

母から引き継いで手元に残っている『暮しの手帖』で、石油ストーブのテストが掲載されているのは六七号（一九六二年十二月号）で、これは二回目のテストである。私は当時これを読んだことを覚えている。お買い得のB評価を得たのが日立だというのを記憶しているのだ。ブルーフレームの半額である日立を買おうか買うまいか、母は迷っていた。しかしそれからしばらくして我が家にやってきたのはブルーフレームだった。買ったのではなく、伯母が使っていたお古を譲り受けたのだ。この伯母は母の長姉で、海軍の軍医だった夫を早くに亡くし一人暮らしだったが、生活は裕福だった。

その頃の日本の一般家庭で、石油ストーブが如何なるものであったかを理解してもらうには、回りくどい説明が必要だ。私だって暖房燃料用の石油を灯油と呼ぶことを、その頃はじめて知ったのだ。はじめて灯油を買った頃、ポリタンクなんてものはなかった。灯油の入れ物は缶だ。円形のフタの周りに切れ目があって、押すとぺこんと反り返って外れるあれだ。

そもそも私たちには、普通の民家で対流式に部屋全体を温めるという発想がなかった。木造の民家で主たる暖房器具だったこたつも火鉢も輻射熱である。気密性の低い木造家屋の多くに隙間風はつきものだ。私たちは部屋の中でも厚着をしていたし、そもそも都会でも寒さへの耐性はいまより強かった。

そんな中でブルーフレームは、それがなければ生活できないような必需品ではない。にもかかわらず、メーカーを巻き込んであっという間に世間に浸透した。「アラジンのブルーフレーム」は記号化したのである。だから家庭に導入される手順は、ふつうとは逆である。火鉢・こたつではない暖房器具が欲しい（必要だ）↓石油ストーブというものがある↓何がいいか↓アラジンのブルーフレームというものがある、ではないのだ。ブルーフレームというものがある、からはじまって、石油ストーブはいいらしい、欲しいという順番になる。問題は、今日理解されているような意味での高度な消費社会が成立する以前に（ほくさんバスオールを見よ！）、そのような記号化が生じたことにある。

そのような一種逆立ちした構造は、私の私的環境のような小状況から、日本のエネルギー事情という大状況に話を移しても同じだと思う。花森安治がはじめてブルーフレームを推賞した文章と思われるコラムを見てみよう[5]。

この冬、石油ストーブを使ってみておどろいた。石油はにおいがするとか、すすが出るとか危いとか手間がかかるとか、いろんなことをいわれているが、あれは残念ながらわが国産のことらしい。

自分で使った印象を精緻に検証したのが商品テストであったことがよくわかる。「使ってみて」と軽く書いているが、この段階ですでに海外製の五種類を試しているのだ。どれもよくできている中で、一番安い（といっても一万七千円！）ブルーフレームが、家庭用には抜群だった。

マッチ一本ですぐつくし、においはしない、ためしに白い紙を上にかざしておいても、煤はつかない、らくに手で下げて部屋を移動できる。燃料もガス代より安くつく。これでねだんがもっと安ければいうことはない。

しかしこの文章は、花森のガス批判がからまっているのだ。花森は断定する。ガス会社なんてものは斜陽産業である、そもそも遠方でこさえたガスを一軒一軒管でつないで配って歩くなど、どう考えても前世紀の遺物だ。

つぎの時代は、なんといっても石油だろう。これなら管など厄介なものはいらない。真空管ラジオに対するトランジスターみたいなものだ。

このガス否定、石油礼賛の視点は、今となっては理解しにくいだろう。もちろんガスと言ったときに最初に天然ガスが浮かぶ人はほとんどいなかった時代だ。「遠方でこさえたガス」などと言っているが、石油はもっともっと遠方からタンカーで運ばれてくるというイメージは、なぜかここには登場しない。エネルギー革命という言葉もない。

雪崩のような閉山で筑豊の炭坑労働者がどんな窮状におちいったかを描いた、上野英信《うえのえいしん》の『追われゆく坑夫たち』が出たのはこの年である。産炭地の貧困家庭を救おうと、映画スターが街頭に立った黒い羽根募金はまだ続いていたはずだ。それなのに手放しの石油礼賛である。私は花森の視点が狭いなどと見当外れなことを言いたいのではない。エネルギー革命による産業構造の変化などという巨視的なとらえ方は、同時代には一般化していないのだ。[6]

私の母に見られるように、『暮しの手帖』が喚起した欲望を受け入れる消費社会は、まだでこぼこでつぎはぎだらけだ。同様に、花森安治がとらえる大状況も、現在の視点から見るとあちこちに穴があるのだ。しかし当時そんなことを気にした人はいなかっただろう。

独得の手法による商品テストの説得力という点では、石油ストーブだけが突出していたわけではない。大勢の女性が一列縦隊で乳母車を押している写真など、いま見ても異様な迫力があり、それだけで納得させられてしまう。しかしそれらを押さえてなぜブルーフレームが象徴的な存在だったのか。性能だの社会状況だの、どんな説明も完全には納得させてくれないだろう。

私は文字通りブルーフレームだったから、つまり炎が青かったからだと思っている。使いはじめた頃、母は「きれいね」と言いながらじっと炎を見つめているときがあった。確かに美しい青い炎は、じっと見ていることができるのだ。何が言いたいかというと、ブルーフレームは情動的な商品だったのだと思うのだ。

すべての石油ストーブの炎がブルーだったわけではないし、中には、青は青でもブルーファイアーという、『暮しの手帖』で日本の恥あつかいされたコピー商品もあった。そんな中でブルーフレームは、デザインから炎まで、飛び抜けて美しかった。でこぼこでつぎはぎだらけの消費社会を背景にしたとき、それ自身が飛び抜けて美しかったのである。置いてある畳の部屋にフィットしたわけではないのに。

商品テストに限らず、『暮しの手帖』はモノそのものを語った。趣味としてではなく、生活におけるモノそのものを文化として語ることを実践し続けたのは、『暮しの手帖』だけだったのではないか。そのモノは広い意味での道具であったり食品であったりする。それに技術も加えるべきだろう。ドレスメイキングや料理、大工仕事である。これらの『暮しの手帖』が扱ったすべては、日常生活を構成するモノであり技術である。そして、それらは本職のものではない。一流料亭の料理人に教わっても、それはお惣菜だ。つまるところ、『暮しの手帖』の主張とは、日常生活の高品質化である。

そのことを考えるとき、『暮しの手帖』の商品批判の中でも最も激烈な批判をあびた例が興味深い。石油ストーブの三回目のテストと同じ号に掲載された、「愚劣な食器洗い機　主婦をあまくみてはいけない」だ。これも商品テストの報告だが、めずらしくタイトルの下に筆者名が入った、花森安治の署名記事である。

この記事は歯に衣着せぬ『暮しの手帖』の中でも、かなり有名な記事だ。そもそもタイトルからして「愚劣な」である。「こんなふしだらな商品は、これがはじめてである」とまで言われてしまう。もちろんメーカー名（国産二社）名指しであり、最後には怒りのあまりという感じで、二社の製品を横倒しにひっくり返した写真まで出されてしまった。[7]

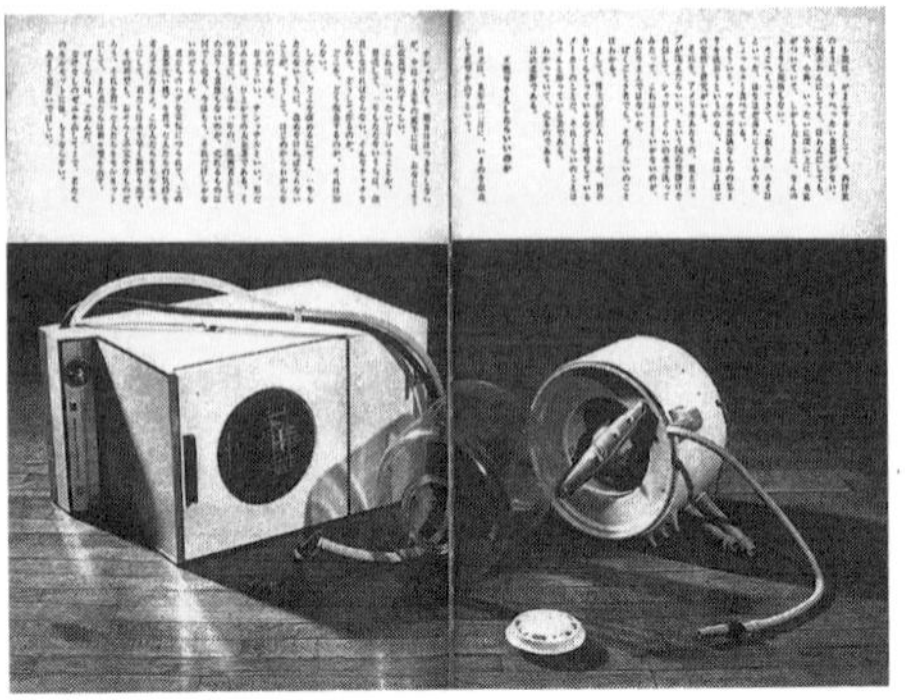

**「愚劣な食器洗い器」**（『暮しの手帖』98号より）

批判の観点は、ちゃんと洗えない食器洗い機、そのことを分かった上で売っているメーカーということに尽きるのだが、ここでは別の問題を考えてみたい。タイトルにある、「主婦をあまくみてはいけない」である。

さきに、『暮しの手帖』の主張とは、日常生活の高品質化であると書いた。だからお惣菜を本職の料理人に習ってもいいのだが、それはやはりお惣菜であって、本職が作る料亭の料理ではない。本職ではないのなら、家庭でお惣菜を作る人間はアマチュアか？　お惣菜を、つまり日常生活を本職とする者はいないのか。それは当時にあっては（かなり程度現在でも）主婦だ。

主婦の仕事をあまく見るなとは、『暮しの手帖』の本質的な主張である。そしていま現在、その主張をそのまま述べれば、ジェンダーによる役割分担の固定化として批判の対象になるだろう。では家事をあまく見るな、ならどうだろうか。家事があまく見られるとしたら、それは誰にでもできそうだからだろう。しかしもちろん誰にでもできるなんてことはない。

日常生活の高品質化には技術が必要である。そしてその技術は、世界観と現実世界（日常生活）をつなぐものだ。それが花森の主張である。だから商品テストは徹底したものになり、その結果は広く受け容れられた。ただしその受容は、世界観を含めて丸ごとではなかったように思う。

## 四　スタイルの問題——提案し、説得する

商品テストが『暮しの手帖』のすべてでないことはもちろんだが、そのように受け取られた面があるのには根拠がある。『暮しの手帖』の商品テストとは、いわばクライアントのいない宣伝であり、もう少し強く言えば説得である。使うも使わないもあなたの勝手と放り出しているわけではないからである。それがある種の生き方の提案でもあったことは、かの、毎号の巻頭に掲げられた言葉に明らかである。

これは　あなたの手帖です
いろいろのことが　ここには書きつけてある
この中の　どれか　一つ二つは
すぐ今日　あなたの暮しに役立ち
せめて　どれか　もう一つ二つは
すぐには役に立たないように見えても
やがて　こころの底ふかく沈んで
いつか　あなたの暮し方を変えてしまう

そんなふうな
　これは　あなたの暮しの手帖です

書きつけてあることは商品テストについてだけではないが、商品テストもその重要な一部だ。それは啓蒙運動のようなものだ。それを思想と言う人もいるだろうが、私はそれには少し違和感がある。

ある種の生き方のようなものだが、それは具体的な形を持っている。それを総称してスタイルと言っておく。ここで言うスタイルは、文字通りの衣裳や文体、手法（たとえば商品テスト）、姿勢（たとえば技術の重視）などを包括する「形」だ。スタイルだから、最終的には美しさにつながる。要するにダサいのは駄目なのだ。

そうだとして、そのとき花森安治の仕事（役割）とは何か。全体を統御するディレクターというのが一番適当だろう。自分で絵も描けるしコピーも書く、レタリングもレイアウトもデザインも見事だし実験もする、しかしその仕事の何がいいかというと、結局のところディレクションがいいのである。

戦前・戦後を通じて資生堂のデザイナーとして活躍した山名文夫《やまなあやお》は、宣伝技術者としての戦争中の活動を通して、大政翼賛会宣伝部時代の花森安治と関係が深かった。その山名は当時の花森が占めていた位置を、アートディレクターと表現している。[8] もちろんそんな言葉は当時はない。

山名とともに報道技術研究会のメンバーとして翼賛会時代の花森と親しかった大久保和雄《おおくぼかずお》は、花森について次のように評している。[9] すなわち、大久保は花森の多彩な才能に「眩惑すら感じた」が、その本質は弁舌家でも文章家でも美術家でもなく、「ただそれらの本質を手早くつかんで鋭く表現する特殊な直感的才能に恵まれている」、したがって、花森の立場は「抽象的な宣伝理念を具体的な形象として把握する〝企画宣伝技術者〟の中にある」という。山名は今の花森（すなわち山名が回想録を書いている一九七〇年代）の仕事を思い浮かべながら、大久保が花森を「深くよく見ていたのに驚いた」と書いている。これら関係者の見立ては、私の理解を補強してくれると思う。

そこでこれから戦時期の花森について少し書くのだが、それは別に花森批判のためではない。いま見たような理由から、『暮しの手帖』をとらえようとすれば、戦時期の花森に遡らざるをえないのである。なぜか花森の戦時期の仕事をめぐる議論は、論じにくいという雰囲気をまといながら、及び腰で、しかしくり返し続けられている。戦時期と戦後の花森にははっきりと同一性があるのだが、それをだれもうまく言語化できていないのだ。さもなければ、見当違いの批判を繰り返しているだけだ。

私が言う同一性とは、戦争責任だの戦争協力だのといったこととは本質的には関係がない。そもそも戦争協力とは意味不明な言葉である。協力もなにも、日本人は戦争をしていたのではないか。本当の問題は、そんなこととは別のところにある。多くの証言が得られる現在では、ひと頃言われたような、「ぜいたくは敵だ」や「ほしがりません勝つまでは」の標語が花森の作であると本気で言う人はほとんど見られない。しかしもちろん無関係であるわけでもない。

花森より遅れて大政翼賛会の職員になった杉森久英《すぎもりひさひで》は、それらの標語が花森の作というのは伝説としながら、「企画、実施、あるいは懸賞募集、選考のいろんな段階で彼の息がかかり、彼の意図が反映しなかったものはないので、結局、彼の作品だといっても、そんなにまちがいではないのである」と述べている。[10] おおよその認識としては、そんなところでいいのだろう。

たとえば一九四二年末に翼賛会宣伝部が企画した大東亜戦争一周年キャンペーンには、端的に開戦の日を示す「十二月八日」というロゴが、統一されたメインビジュアルとして用いられた。山名の回想によれば、ロゴの試作品数十点を、花森は朝から晩までにらみ続けていたという。しかし明朝体をベースに「十二月八日」のブロックで書かれたロゴの書体デザイナーは村上正夫《むらかみまさお》である。[11] 杉森の言う「そんなにまちがいではない」とは、そのくらいのことだ。問題は反映していた「彼の意図」である。

杉森久英は、さまざまな作者花森の伝説の中で、「あの旗を撃て!」のポスターだけはまぎれもなく花森安治作だとしている。しかしこれも正確ではない。[12]「あの旗を撃て」の表記も間違いで、これはおそらく一九四四年二月に公開された東宝映画「あの旗を撃て　コレヒドールの最後」に引きずられたものであろう。

そもそもこれはポスターではなく壁新聞であり、そのヘッドは「おねがひです、隊長殿、あの旗を射たせてくださいッ!」(傍点引用者)である。大政翼賛会名の壁新聞であり、花森が「書いたり消したり、配列を考えたり」したのは間違いないだろう。「十二月八日」の書体デザインだって、朝から晩までにらみ続けたのだ。しかしこの壁新聞の制作を受注したのは報道技術研究会であり、レイアウトを考えたのは山名文夫であった。そんな詮索よりもよほど重要なのは、この時期の宣伝技術者の問題意識である。

そもそもなぜ壁新聞なのか。すでに広く知られているように、ドイツのそれの模倣であることはもちろんだ。しかしそれ以上に、山名文夫の次の証言が重要である。これは回想ではなく同時代の発言だ[13]。

> 翼賛会からの壁新聞を期徒〔待カ〕することの理由は極めて明白である。一言にしていへば、翼賛会の性格はポスター的であるといふよりも壁新聞的であるからである。端的な、強い、呼びかけよりも、（それも必要な場合は勿論あるが）もっと内容的に具体性のある説得が必要とされるのである。これは翼賛会の宣伝全体にいへるし当然印刷宣伝もこの方向に向けられることの方が実際的であると考へる。宣伝部がいふところの「母の性格」から出るところの行き方である。

今回この「宣伝部がいうところの「母の性格」」の典拠を明らかにすることはできなかった。しかしこれは、花森の仕事の性格を考える上できわめて示唆的だと思う。同時に、ここで「説得」という言葉が用いられていることにも注目したい。以下、山名の壁新聞を論じた文章から重要だと思われる点をいくつか拾ってみる。

たとえば「足らぬ足らぬは工夫が足らぬ」「理屈いふまに一仕事」のようにあまりパッとしない標語についても、善し悪しは別として「最近の宣伝の方向を物語る」ものであり、山名は「この方向の徹底を期待」している。なぜか。「抽象的な一喝的標語」や「叫ぶ標語」は浮き上がって空転する。ドカンとくるようで浸透する力が弱い。しかも、日本語の強い言葉は漢語に依存せざるをえない。難解になるし、民衆の言葉と離れていく。民衆の言葉に近づこうとすると、「甚だ遺憾なことに左翼的とならざるを得ない」のだという。

最後の一行など、笑ってしまう前によく玩味すべきである。これは考えようによってはまことに射程の長いとらえ方かもしれないのだ。糸井重里のコピーは、「民衆の言葉」に近づいても左翼的にはならない時代の表現である。逆の言い方をすれば、左翼的にならない説得の言葉を求めたのが、翼賛会宣伝部の仕事であったということになる。

山名によれば、作業は壁新聞の文章の草稿である一枚の原稿用紙が、翼賛会宣伝部内の宣伝技術室の机上に置かれるところからはじまる（ひょっとしたらその草稿は花森が書いたのかもしれない）。そこでの宣伝技術者たちの検討を、最終的に山名が壁新聞のレイアウトとしてまとめあげたのである。彼らの議論がどこに神経を使ったものであったかは、山名がなお考究すべき課題としてあげている論点を見ると分かる。

例へば初号活字の大きさは、街頭の雑音の中で読む神経と調子が合ふかどうか。初号活字は五号活字の四倍であるが、五倍乃至は六倍位の大きさが必要なのではないだらうか。文章の長さはどうか。（註、この文章は一分四十秒で読了、読者は国民学校六年生）。挿絵の分量、刷色、等々研究して貰ひたいところ多々である。（カッコ内原文）

読了に要する時間は、範をとったドイツの壁新聞を訳文で読んだときの長さだという。そのあたりについて、山名は次のように回想している。すなわち、情報局から最初に出た壁新聞は、それこそ新聞のように盛り沢山で、読むのに十分もかかった。しかもショーウィンドウの中にあるので、「往来する人影が硝子に映ってとても読みづらかった」という。

活字や文章の長さ、表現の難易を考えるのに、制作者の意図や美意識ではなく、誰がどんな場で読むかから考える思考方法、実際に読ませてみる実験（読んでみた国民学校六年生は山名の娘さんだという）、現場での見え方、これらの細かいところまで神経をゆき届かせた配慮、それこそが翼賛会宣伝部がいうところの「母の性格」の発露ではないか[14]。そしてそれは『暮しの手帖』に真っ直ぐにつながっている。

さらに壁新聞の特徴が次のように語られるのも重要である。

この壁新聞の特殊なところは、スローガンもキャッチフレーズも持っていないことである。初めから終わりまで一つの続いた文章である。

実際に、そのような壁新聞的コピーがすでに登場していたのである。いくつか引いてみよう。出典は『戦時下標語集』という労作である[15]。

爆弾は炸裂した瞬間しか爆弾ではない。あとは、唯の火事ではないか。唯の火事を、君は消さうともせずに逃げだすてはあるまい。召集を受けた勇士を、「一死奉公立派に働いてくれ」と君は励ました。一旦風雲急となつた時、この都市を、護るのは今度は君の番なのだ。英霊は君の奮闘を待つてゐる。（一九四一年）

事変前までの社会が　なんとそらぞらしく目に映ることか　「古い」の一語で片づけてしまはう　この一語にふくまれたあらゆる過去の生活形態　試みにそんなものを麗々しく取り上げた小説や映画や演劇は　その生活の残骸のむなしさに呆れかへるばかり　吾等今日のこの真実の生活を生き抜かう（一九四二年）

前者の冒頭など、理屈は理屈だが思わず笑ってしまう（そりゃそうだけどさ！　である）。これについて『戦時下標語集』の解説は、現在から見るとブラックユーモアであると書いている。しかし山名や翼賛会宣伝部（すなわち花森）の壁新聞的なるものの概念に照らせば、このコメントはあまり気の利いたひねりとも思えない。まさに「ぜいたくは敵だ」のように、一言で言い切る標語ではなく、長文の語りかけるスタイルの出現こそが注目点なのである。

とはいえ、このスタイルは花森や山名が苦心した「母の性格」にはいまだ遠い。長文（スローガン）を叫んではいない）で、優しい言葉で語りかけてはいるが、語りかけている中身は精神であり、技術ではない。そこにいくと、次のような戦時コピーのスタイルは、右に見た長文標語より格段に『暮しの手帖』に近づいているのではないか。

買はないで、すませる工夫

・いまあるもので間に合ひませんか
・大事に使へばまだまだもちませんか
・繕つたり作り直せばまだ使へませんか
・繰り廻しを考へてみましたか
・隣組でお互ひに要らない物を融通交換できませんか

これは「十二月八日」の書体デザインが採用された村上正夫による、昭和十八年の大政翼賛会ポスターである。[16] 残されている写真で見ると、タイトル（「買はないで、すませる工夫」）と本文のレイアウトの仕方、文字サイズや字体、字配りなど、全体のデザインがもたらす雰囲気は、『暮しの手帖』にそっくりだ。すぐ隣に立っているようなものである。「母の性格」にこそ、大政翼賛会宣伝部のアートディレクターと、『暮しの手帖』の編集者をつなぐ環があるのだと思う。

## 小括――変えたのか、変わったのか

はじめに書いたように、この文章は花森安治論でもなければ『暮しの手帖』のメディア史でもない。だから通常それらを論ずる文章なら必ず取りあげるはずのトピックでも、書かなかったことの方が多い。たとえば「一戔五厘の旗」であり、『戦争中の暮らしの記録』である。それらは本稿の内容と無関係ではないし、それらについて言いたいことがないわけではないが、そんなことまで長々と書いていると、逆に本稿の内容を希薄にするように思える。

もしそれらが花森安治の戦後を代表するものだったとすると、それは『暮しの手帖』の敗北宣言になるかもしれないと思う。もう一度、毎号の『暮しの手帖』の巻頭に掲げられた、例の文章に戻ってみたい。手帖の中の一つ二つが、いつかあなたの暮らしを変えてしまったとして、それでも改めて「一戔五厘の旗」を掲げなければならないとしたら、それは暮らしが変わっただけでは足りないということにならないか。

この言い方は、もちろんアンフェアである。しかし、こんなところに政治を持ち込んだ私がわるいとしたら、先に持ち込んだのは花森さんだ。

もとに戻って、『暮しの手帖』は日本人の暮らしを変えたのか。その主張がささやかな衣食住を中心とする日常のあり方に関わるものであったとして、そのような意味で日本人の暮らしを変えただろうか。日本人の暮らしは変わった。それは厳然たる事実だ。しかし変えたのは誰か。高度成長とその後の大衆消費社会の到来と言ってしまえばそれまでだ。それまでだというのは、そんな結論が欲しいのなら、いまさら『暮しの手帖』を読み直してみる意味などないということだ。社会学者がまとめるような読者像、それに描かれた読者の暮らし、前章の山口瞳にならっていえば、そんなものはどこにもなかったはずだ。

いま現在における、『暮しの手帖』の過去誌面の読み方とは、どんなものだろうか。手帖の誌面に写し出されているものは、何であるか。日常生活の質を厳しく問い、それを高める提言を続けたことによって写し出されたのは、誌面の美意識とは一見裏腹な昭和三十年代から四十年代の庶民生活であった。私の読み方はそうだ。それは『暮しの手帖』の歴史化だ。そこをさらに深く読み取る技法こそが求められているのだと思う。

もう一つ、いまの私たちにとって重要な問題は、『暮しの手帖』が掲げた考え方の有効性そのものが、全く異なる次元で問われるようになったことではないか。

家事をあまく見るなとは、現在も真理だろう。しかしその家事の中に、たとえば介護は含まれるのか。あなたは家事をするロボットを否定できるか。ロボットとは唐突なと思われるかもしれないが、コンピューターのチップが埋め込まれた現代の電化製品はロボットみたいなものだ。将来的には、介護ロボットは必須となるだろう。家事をするロボットという考え方は、家事をあまく見ているのか、その逆なのか。

あるいは、『暮しの手帖』は自動車の商品テストはやらなかった。生活必需品とは言えなかったからだろう。そのこと自体は一つの見識だったかもしれない。しかしやがて、自動車は庶民の手に届くものとなり、生活必需品となり、必需品の意味内容も大きく変容した。今日、過疎地帯の移動手段として自動車は不可欠であり、高齢者の免許返上問題と関連して新たな社会問題となっている。

全く違う次元で、というのはそんな意味である。花森安治が生きていたら、介護ロボットの商品テストをやっただろうか。別にふざけているのではない。

【註】

1　本稿を書くにあたっていろいろ読んだ中で出色と思った花森論は、津野海太郎『花森安治伝――日本の暮しをかえた男』（新潮社、二〇一三年／新潮文庫、二〇一六年）である。津野さんも、中学生時代（一九五〇年代はじめ）に母上がとっていた『暮しの手帖』を押し入れからひっぱりだしては繰り返し読んでいたという（「時代の空気――ロゲルギストと花森安治」『花森安治――美しい「暮し」の創始者』〔文藝別冊KAWADE夢ムック〕、河出書房新社、二〇一一年）。

2　以下この項の引用は『暮しの手帖』。文体、特に利用者の言葉の引き方などから、筆者は花森その人のように思える。

3　初任給との比較で見てみようか。それから二年くらい後で私も何社かの就職試験を受けた（全部落ちたが）。私が受けた出版業界は当時最も初任給がいい業界だったが、一番いいところでやっと四万円に達したくらいである。ほくさんバスオールを購入した頃はそれよりずっと少なかったはずだ。

4　酒井寛が朝日新聞に連載したものをまとめた『花森安治の仕事』（朝日新聞社、一九八八年）も、「伝説的に有名」なテストとしている。この本は花森の戦前・戦中・戦後を全体的に論じた本としては早いものではなかろうか。刊行後すぐに買ったので、私自身がこの頃には、花森安治を真面目に？　気にしていたのだと思う。

5　花森安治「ブルゥフレーム」（「風の吹く町で1」『花森安治選集3』、初出は『暮しの手帖』五三、一九六〇年二月）。その年のうちに大々的にテストを行って誌面に掲載している。やはりすごいと言わざるを得ない。

6　同時に、高度成長期に生じた農村から都市への大〈民族移動〉の痕跡も、『暮しの手帖』の商品が対象とする家庭にはまだ見られない。商品テストが全盛の『暮しの手帖』で、商品が使われる場として想定される家庭は、旧産炭地や農村から滔々と大都市に流れ込んだ人びとが営むそれではない。これは『暮しの手帖』を考える上で必要な視点だと思うが、いまは詳述する余裕がない。

7　メーカーもたまったものではなかっただろうが、そのあたりの事情は酒井前掲書を参照されたい。

8 山名文夫『体験的デザイン史』（ダヴィッド社、一九七六年／新装復刻版、誠文堂新光社、二〇一五年）、三一二頁。本文の引用は新装復刻版による。本文テキストに両版での異同はないが、復刻版は図版の位置が動かされているため、テキストのページ数が原本と異なる。本書は戦前・戦中・戦後を通しての宣伝技術史に関する、とりわけ宣伝技術が帯びた政治性に関する最も重要な文献の一つである。

9 報道技術研究会はグラフィックデザイナーを中心とする広告関係者の組織（一九四〇年十一月発会）。内閣情報局や翼賛会宣伝部と密接な関係にあった。大久保和雄の「翼賛会宣伝部の解散に際して、花森安治氏に与ふ」は『宣伝』に掲載されたものだが、今回『宣伝』は国会図書館所蔵分しか参照できなかったので、山名前掲書より引く。なお『宣伝』は日本電報通信社（現在の電通）の機関誌だが、報道技術研究会の活動の舞台でもあった。

10 杉森久英「花森安治における青春と戦争」『中央公論』一九七八年六月号。

11 村上正夫は報道技術研究会のメンバー。山名の回想は前掲書、三一七頁。

12 杉森は当時翼賛会宣伝部員だった画家の芝清福が語ったという、「花森がこのポスターの字を書いたり消したり、配列を考えたりしていた姿をハッキリ覚えている」との証言を引いている。この内容自体はおそらく正しいだろう。

13 山名文夫「翼賛会発行の壁新聞に就いて」『プレスアルト』六一号（一九四二年十一月号）。『体験的デザイン史』では一六号となっているが誤記。『プレスアルト』は一九三七年一月に京都にできたプレスアルト研究会による、広告印刷物の頒布事業がはじまりである。添付されたパンフレットがやがて雑誌として独立した（山名前掲書）。

14 「母の性格」はもちろん今日とは比較にならないほど強力に社会に埋め込まれた性差の表出である。しかしそれよりも、ここでは花森や山名が模索した宣伝技法が、軍隊に象徴される男性性の対極にあるものを求めたことに注目したい。

15　大空社編集部『戦時下標語集』（大空社、二〇〇〇年）。よく集めたが、出典が表記されていないのが残念。私は以前にもこれらの戦時標語を取りあげたことがあり、そこでは戦時期の国策標語の特徴をコピー化と表現し、そこに見られる一種の現代性を指摘したつもりだった。ただしそのときは迂闊にも『体験的デザイン史』を参照していない（有馬学『日本の歴史23　帝国の昭和』講談社、二〇〇二年／講談社学術文庫、二〇一〇年）。

16　山名文夫・今泉武治・新井静一郎編『戦争と宣伝技術者――報道技術研究会の記録』（ダヴィッド社、一九七八年）。口絵に実物の写真が掲載されている。

# 第四章　テレビは現在を写す装置だった

萩元晴彦・村木良彦・今野勉
『お前はただの現在にすぎない——テレビになにが可能か』（一九六九年）
小林信彦『テレビの黄金時代』（二〇〇二年）

【書誌】

○萩元晴彦・村木良彦・今野勉『お前はただの現在にすぎない――テレビになにが可能か』（田畑書店、一九六九年三月十五日、第二刷、一九六九年四月八日／朝日文庫、二〇〇八年）

○小林信彦『テレビの黄金時代』（文藝春秋、二〇〇二年十月十五日／文春文庫、二〇〇五年）

## 一　テレビ的ということ

一昨年、久方ぶりにテレビを買い替えた。そもそも私はテレビ受像機を新しくするのにあまり熱心ではない。ずっと以前、まだ大学に勤めて十年ちょっとの頃だろう、自宅でのささやかな宴会にやって来た学生が、我が家のテレビを見て驚いたことがある。テレビが小さいのと、なによりぐるぐる回すダイヤル式のチャンネルだったのに驚いたのだ。要するに私にとってテレビは、新型が出たからといって次々に買い替えるものではなかった。

前回の買い替えは二〇〇六年だから、十六年ぶりの買い替えである。正確な年数がすぐ言えるのは、ワールドカップ・ドイツ大会を大画面で見んがための買い替えだったからで、つまり今回の買い替えの動機もお分かりだろう。二〇二二年はワールドカップ、カタール大会の年だ。前回のは初めて購入した液晶テレビで、大画面といってもたかが知れている。今回のものは更にサイズアップしたが、店頭で見たら小さくはないがごく標準的なものだった。

なぜこんなつまらぬ話をはじめたのか。私は最新のテクノロジーを求めるのには怠惰なことが多いのだ。そんな私でもテレビ番組については、持続的にではないがかなり入れあげて見た時期がある。本稿で述べるように、結果としてテレビは私の思考の回路に少なからぬ影響を与えていると思う。そしてその影響のあり方は、本を読んだり映画を見たりというのとは少し違うのではないかという感触がある。さらに私が受けた影響のあり方は、私的なものではあるが、同時に一定の普遍性を持っているようにも思えるのである。

今回取りあげる二つの本に表れているのは、テレビを制作する側から見た、テレビ番組に関する二様の方法論である。私の思考に影響したのはその双方だ。それらを読み直すことは、「戦後」を再考する私の立っている場所を示すことになると思う。

『お前はただの現在にすぎない』[1]は衝撃的な本だった。当時大学生だった私は、この本の著者たちが製作するTBSの番組、とりわけ「七人の刑事」をはじめとするドラマのファンだった。支持者と言ってよいかもしれない。そんな人間は私の周囲に少なからずいた。

私（たち）は新しい「表現」が登場しつつあること、そしてそれが表現者自身による自覚的な方法意識を伴っていることを感じとっていた。それが何であったかが本稿の主題だ。刊行の経緯からみれば、『ただの現在』はいわゆるTBS闘争をめぐる当事者による資料集である。いまあえて資料集という言葉を使ったが、これは画期的な形式による語の正しい意味での資料集である。しかし「TBS闘争」と呼ばれたものの資料集かというと、やや微妙である。そのあたりについては後にふれるが、微妙なのは、著者たちが一貫して、体制と運動とか、抑圧と抵抗といった枠組みそのものを拒否していたからである。そのような枠組みこそは、著者たちのテレビ観に真っ向から敵対するものであった。

ならば、著者たちの「表現」の新しさ、それをもたらした方法意識とはどのようなものだったのか。はるか後年、当事者であった今野《こんの》勉《つとむ》によって、自伝的回想録『テレビの青春』[2]が刊行された。世紀を超えての今野の回想は、その主題に鮮明な光をあてている。草創期のテレビというメディアは、オールドメディアへのコンプレックスと闘いながら、自らの新しさを自身で発見し、証明していった。今野の回想はそのプロセスについての洞察に満ちている。一つだけ例をあげる。一九五九年の皇太子明仁親王（当時）と美智子妃のご成婚をめぐる報道、より具体的には馬車行列によるパレードのテレビ中継である。

前年から続くミッチーブームとテレビ受像機の急速な普及で、パレードの中継はテレビ各局が文字通り総力を結集した一大イベントとなった。村木《むらき》良彦《よしひこ》や今野勉が入社したてのラジオ東京テレビ（のちのTBS、ラジオ東京のコールサインJOKRからKRTと略称された）の場合、中継車十一台、カメラ三十四台が動員され、移動撮影用レールは六百メートルに及んだという。もう一つの民放テレビNTVとともに、NHKに遜色ない布陣であったらしい。

そこまでやっても、テレビカメラはパレードの全行程はカヴァーできなかった。どうしても馬車走行をカメラで追えない空白の場所ができてしまう。それを埋めるために、KRTはご成婚までの古いフィルムを流してつないだ。番組は空白を残さずつながり、社内的にもスポンサーにも評判はよかった。ところが回想録を書くにあたって当時の社内誌『調査情報』を読んだ今野は驚愕する。番組担当者はこれを失敗だったと総括していたのである。なぜか。

ライバル局のNTVは空白の時間をそのまま中継したのだ。カメラは馬車がまだ来ない現場を映し続けた。アナウンサーは「馬車はまだ見えませんが、まもなく来ます」と実況を続けた。それによって、その時間は単なる空白ではなく、まさにいまそこで起こっていることを伝えたことになる。沿道の群衆がいまかいまかと待っているその時間、それをテレビを見ている視聴者も同時に共有している。テレビとは何かについての考え方で、NTVに一日の長があった。

今野は書いている。自社の中継を失敗と総括したテレビの先輩たちは、「テレビの何たるかを手探りで探しあてつつあったのだ」（五一頁）。注意しておきたいのは、このときNHKとNTVが本放送を開始してまだ六年、KRTはわずか四年しか経っていなかったということである。

いま私たちは残された記録を通して、わずかな年月でテレビマンたちが到達していた地平を、かなり正確に理解することができる。そこで達成されていたことに、とりあえず驚いてみたい。

現在をキーワードにメディアを考えることは、現在をキーワードに歴史を考えることにつながる。SNSや仮想空間に見られる今日のメディアの特質が、文字や音声や図像による数千年の表現の歴史に照らして、全く新たな段階に達していることは認めるべきだろう[3]。しかしそれも昨日今日になって突如として出現したわけではないという歴史的な立場に立てば、結局はテレビが切り開いたものの延長上にあるのではないか。その核心にあるのが、「表現」活動における現在という時間の繰り込みではないか。それが、本稿における出発点の仮説である。

## 二　ラジオの時代からテレビの時代へ――我がメディア環境私史

私が考えようとしているテレビは、さしあたり家庭内のメディアである。家庭内をつなぐメディアというよりは、家庭内に存在するメディアとしてのテレビだ。それはラジオからつながってくる。私にとって、高度成長をもたらした耐久消費財の一つであるテレビという一般論に立脚することは、体験的に何とも居心地が悪いのだ。我が家をめぐる経済的環境は、テレビの登場とともに劇的に変化したわけではない。前史としてラジオの時代からはじめる所以である。

新聞以外のメディアとしてはじめて我が家にラジオが導入されたのは、私が小学校一年生か二年生の頃、一九五二年か五三年である。NHKの新諸国物語「笛吹童子」の放送が一九五三年一月五日から十二月三十一日だから、それを聴いた記憶からすれば少なくとも小学校二年生のときには家にラジオがあったことになる。完成品を買ったのではなく、父が知り合いに安く組み立ててもらったのだと思う。当時はよくあった話で、安上がりだったはずだが見かけはけっこう堂々としていた。

このラジオは、家庭内メディアとしてだけでなく、わずかながら公共性をもっていた。それを説明するためには、当時の我が家の境遇について語っておかねばならない。

北京からの引き揚げ後、郷里の鹿児島で高校の教員をしていた父は、一九五二年に教員生活に見切りをつけて上京し、縁者が経営していた中小企業に職を得る。東急東横線の学芸大学駅から歩いて十分もかからなかったと思う。住まいは会社の敷地内にある、木造二階建ての社員寮のようなところである。

従業員が百人に満たない工場で、圧力計などのメーター類を作っていた。時には、鋳物工や旋盤工などの工員さんの仕事ぶりを見ることもできる環境だった。朝、始業を知らせるサイレンとともに主動力のモーターにスイッチが入り、旋盤などの工作機械に動力を伝えるベルトの音がタンタンタンタンとリズミカルに聞こえてくる。敷地はわりあいに広く、門を入ってすぐのところに木造モルタル二階建ての事務棟みたいなものがあり、二階が社長の自宅になっていた。その奥に工場棟があり、敷地の一番奥まったところに二階建ての寮と平屋の職員住宅が一棟ずつあった。

私たち家族は木造二階建ての一階部分に一部屋、二階に一部屋の計二室を使っていた。そういうところでラジオを聴くというのはどんな体験なのか。廊下を中心に左右に六畳くらいの部屋が並ぶ二階部分は、私たちが引っ越した頃は使われていなかった。ここが埋まり出すのは翌年(一九五三年)になってからである。会社が事業を拡張するために、多くの工員さんを新規採用したからである(それでも百人に満たなかったと思う)。それまでの従業員は工員も事務職員も全員が通いの人たちであり、新たに寮に入ってきたのは地方の高校新卒者(ごくまれに新卒でなかったり、中卒の人がいたりした)である。リクルート先はなぜか鹿児島県と東北地方だった。就職列車による集団就職が本格化する直前の話であり(まさに高度成長前夜だ)、ほぼ全員が職員のつてを頼っての採用だったからだろう。鹿児島出身者が多かったのは、もちろん父の元教員としてのコネクションによるものだ。父は寮の舎監のような役割も兼ねていた。

そこでわずかながら、我が家のラジオがメディアとしての公共性を発揮しはじめる。ちょうどその頃、鹿児島県出身の力士、鶴ヶ嶺《つるがみね》が新入幕を果たしたのだ（一九五三年三月場所）。のちの井筒親方、三役力士として活躍した寺尾や逆鉾《さかほこ》の父である。仕事を終えて引きあげてきた工員さんから何度も受けた質問は、「きょう鶴ヶ嶺勝った？」である。後年を見れば、言わずと知れたもろ差しの名手だが（最高位関脇）、当時はよほどの好角家でもその勝敗に関心を持つ人は少なかったと思う。そのころ幕内の枚数は今よりずっと多かった。こちらも相撲中継より楽しいことが山ほどある身だ。入幕したての力士の勝敗なんか聞かれても困る。しかし初めて東京に出てきて、工場と寮の行き来が生活のほとんどすべてのような暮らしの中で、鶴ヶ嶺の勝敗を尋ねるのは些細なことではなかったはずだ。子どもの私は相撲に特別興味があったわけではないが、そのころ昇天の勢いで出世街道を駆け上っていた栃錦や若乃花より先に、否応なしに鶴ヶ嶺の名前を覚えることになった。

鶴ヶ嶺が入幕を果たした年、父の元職場であり私たちの生活の場でもあった鹿児島県立甲南高校が、夏の甲子園に出場を果たした。戦後唯一の甲子園出場である（旧制鹿児島二中時代に一度出ているらしい）。母は野球に興味があったわけではないが、明治高校と対戦した一回戦をラジオの中継で聴いていた。試合開始前に甲南の選手たちが記念撮影をしているという実況を聴いて、最初から負けて帰る気でいると笑っていた。明治高校は優勝候補の一角だったのだ。甲南は〇－五で敗退した。

こんなことを並べていてもきりがない？　その通りだろう。私は思い出のラジオ番組を書きたいわけではない。しかし、昭和二十年代末という時代の中で、ラジオは外界と家庭をつなぎ、過去と現在をつなぐメディアだったのだ。入幕したての力士の勝敗が気になる背後に、高卒で上京した工員さんたちのさまざまな感情がつまっている。同じようにラジオ歌謡（ＮＨＫ）の時間を楽しみにしていた母の心中にも、私などの理解の及ばない感情がつまっていたはずだ。私はいま、母がラジオにかじりつくようにして歌詞を書き取っていた曲のことを書いておきたい。

　レコードや蓄音機が庶民にとって高嶺の花であった時代、芸能メディアが多様ではなかった時代には、歌詞を覚えるのも簡単ではない。『平凡』や『明星』などの芸能娯楽雑誌にときどき付録として付いてくるヒット曲集があれば簡単だが、そもそも我が家はそんな雑誌とは無縁である。ラジオの前で歌詞をメモするしかないではないか。

　金もないのに、大衆芸能に浸りきることは忌避してみせたい中産下層のインテリ家庭（つまり我が家）にとって、「流行歌」とは一線を画した、健全性が売り物の「ラジオ歌謡」は救いであっただろう。[4] ありがたいことに、いま「ラジオ歌謡」は解説書付きのＣＤのセットが出ている。母が歌詞をメモしていた曲は何だったのか？　母が歌うのをくり返し聴かされたため、私は歌詞もメロディーも完全にではないが覚えている。

　調べてみると「うるわしの虹」という曲で、一九五四年六月の放送とある。曲名は全く記憶になかった。浜達美《はまたつみ》という男性歌手の名前も知らない。「ねむの花房」という歌い出しや、「七色の夢をのこして」という最後のフレーズは、歌詞もメロディーも覚えていた。けれどもＣＤで何度聴き直しても、懸命に歌詞を書き取るほどの曲とは思えない。レコードにはなったらしいが、ヒットしたという記憶も記録もない。母は一体どこが気に入ったのだろうか。私は小学校三年生だった。

その二年後、父の勤める会社では、現場の工員さんを中心に、賃上げや待遇改善を要求してだろう、労働組合が組織された。社長は組合を認めなかったので、ストライキに発展した。もちろん父は管理職であり組合員ではないが、私たち家族は同じ敷地内の同じ寮に生活しているので、組合対会社側という関係にはならない。同じ寮で生活している工員さんたちが食堂で集会をしていても、食堂の土間から板戸一枚距てて私たち家族の部屋があるのだ。組合の工員さんたちは闘争資金稼ぎに日用品を売って回ったが、母は「大変ね」とか言いながらなにがしかを買っていた。

ストライキ中の工員さんたちはしょっちゅう歌を歌っていた。それまで聴いたことのない歌だから、オルグの歌唱指導があったのだろう。頻繁に耳にするので私も覚えてしまう。そのとき聴いた「世界をつなげ花の輪に」はてっきり労働歌だと思っていたら、近年になってNHKラジオ歌謡が出自だと知ってびっくりした。同様によく歌われていたのが、こちらは正真正銘、日本共産党の革命歌である「民族独立行動隊の歌」だ。しかし女子工員さんたちだけのグループになると、当時ヒットしていた映画主題歌の「ここに幸あり」(大津美子)を歌っていた。小学校五年生の男の子が、「民族独立行動隊の歌」と「ここに幸あり」を同時に覚えるような環境があったのだ。

もう一つだけ付け加える。「君の名は」は世のインテリが馬鹿にしたように私の家族も馬鹿にしていたが、ラジオを切ることはなかった。民間放送ははじまったばかりで、NHKしか聴かないのだから仕方がない。だから随所に挿入されるハモンドオルガンのもの悲しい曲調は記憶に残っている。音楽を担当した古関裕而《こせきゆうじ》が、スタジオ内に持ち込まれたハモンドオルガンで自ら演奏したということは、ずっと後になってから知ったことである。

そんなことより、我が家が東京に引っ越した翌年（一九五三年）、甲南高校の生徒が修学旅行で東京を訪れた。鹿児島生活が昨日のことのような感覚が残っていた私たち一家は、東京駅まで出迎え、一緒の観光バスで宿まで同行するということがあった。そのとき、同乗していた引率の先生が、橋を渡るたびに「これが数寄屋橋ですか？」とバスガイドに質問をくり返し、車内の爆笑を誘っていたことを思い出す。ラジオドラマが創る観光名所。事新しく言い立てなくとも、「コト消費」なんてものは半世紀以上も前からあったのだ。電波メディアの社会的機能をなめてはいけないのである。

ラジオは茶の間にいるすべての成員が同時に聴いている。それが活字メディアとは違うところだ。子どもが意味を解したかどうかは別に、その場にいる人間には聞こえている。だから、大病後に復帰した日本社会党委員長の鈴木茂三郎《すずきもさぶろう》の演説に、「やはりちょっと迫力がないね」などという父の感想を、小学生時代の記憶として私が覚えていたりするのだ（我が家は鈴木茂三郎の選挙区、旧東京三区だ）。父が積極的な社会党支持者だったとは思えない。社会党もイギリスの労働党くらいにならなきゃ駄目だ（現実主義的でなければ政権には近づけないという程度の意味だろう）とか何とか言っていたのは覚えている。つまり当時のほとんどの大学卒業者と似たり寄ったりの政治意識の持ち主ということである。そういうことは積もり積もって、子どもの意識に何らかの影響を与える。

春日八郎の「お富さん」が大ヒットしたことがある。小学生までみんな歌っていた。積極的に聞こうとしなくても、ラジオから流れてくるのだから仕方がない。一九五四年、私は小学校三年生だ。あるとき、小学校の校長が朝礼の壇上から、皆さんは歌わないようにしましょうと注意した。教育上よろしくないということで、教育委員会の指示か何かがあったのだろう。しかし考えてみるとどこがいけないのかよくわからない。

この歌でお富・与三郎は覚えても、「与話情浮名横櫛《よわなさけうきなのよこぐし》」という歌舞伎の外題を知るのははるか後年のことだ。だいいち、黒板塀に見越しの松が何を象徴するかなんて、小学生に分かるはずもない。だからといって、小学生のことだから禁止されたことに別に反発もしなかった。

それにしてもなぜ禁止令が出るほど猖獗《しょうけつ》をきわめたのか。後年、作曲者の渡久地政信《とくちまさのぶ》の回想を読んでいてなるほどと納得した。沖縄出身の渡久地はカチャーシーのリズムを採用したのだという。何のことはない。チャンカチャンカ、チャンカチャンカというノリの良いリズムに、子供が素直に反応しただけのことだったのだ。

子どもにとってラジオというメディアの公共性とは何だろうか。よほどのことがない限り、歌舞伎を見たことのある小学生などいないだろう。それでも、「生きていたとはお釈迦様でも知らぬ仏のお富さん」とはどういうことか、朧気ながら知る端緒にはなる。「金色夜叉」なんて死ぬまで読まなくても、熱海の海岸の貫一・お宮の二人連れは知っている。ならばあなたは、いつどこでそれを知ったのか。答えられる人はほとんどいないだろう。社会が行う教育とはそのようなものだ。いつどのようにかは分からなくとも、知らぬ間に多くの人の頭に入っている。ラジオという電波メディアはそのような教育の場を格段に広げたのだ。そのような意味で、ラジオは子どもにとっても社会とつながるツールだったのである。

一般にメディア史の中で強調されるのは、庶民の娯楽の王座が映画からテレビに交代したということであろう。日本映画黄金時代の頂点は一九五八年とされる。この年、国民一人あたりの映画の観覧回数は実に年に一二・三回であったという。同じ年、東京タワーが建った。私が住んでいた近くの目黒通りに出ると、視野を遮る目立ったビルもないので、次第に高さを増していく建設中のタワーがよく見えた。映画の黄金時代に踵《きびす》を接して、テレビの時代の足音が聞こえていたのを象徴する都市の景観である。しかし我が私的メディア史の中では、王座の交代はラジオからテレビである。

さて、テレビの時代を体験したことをどう語ろうか。思い出のテレビ番組ではなく、テレビの時代の体験である。ここでもやはり、些細な私史からはじめなければならない。

テレビの本放送開始は、NHKが一九五三年二月一日、同年八月には民間放送の日本テレビ放送網（NTV）が本放送を開始した。あとで本稿の主役となるラジオ東京テレビ（のちのTBS）は、両者に遅れて一九五五年四月一日の本放送開始である。

私の両親がテレビを買ったのは、一九六一年の三月、私の高校入試が終わった時である。草創期のテレビをめぐる最も著名な言説は「一億総白痴化」であろう。それほど極端ではなくとも、テレビばかり見て子どもが勉強しなくなるという見方はあまねく行き渡っていた。だから高校入試が終わるまでテレビの購入はおあずけというのは、我が家の場合、経済状況から買えないことの格好の言い訳だった。しかし私と同い年の従兄弟の家もテレビの購入は我が家と同時で、高校入試が終わってからだ。伯父（母の兄）は会社を経営しており、経済的には豊かだった。しかし子どもの高校入試が終わるまでテレビは買い控えた。そんな家は結構あったのだ。高度成長を支えた耐久消費財という図式からの微妙なズレは、貧しい側にも豊かな側にも存在したのであり、それが冷蔵庫や電気洗濯機とは異なるところである。

しかしそれ以前に、私はごく草創期のテレビを見ていた。街頭テレビではない。街頭テレビのプロレス中継ももちろん見ているが、それは私にとって恐ろしい体験だった。何台ものテレビが並び、数千人の群衆を集めたと言われる新橋駅前ほどではなくとも、東横線の学芸大学駅前の街頭テレビも大変な状況だった。会社の工員さんに連れられて見に行った私は、たちまち群衆の中に巻き込まれて全く身動きが取れなくなった。興奮して揺れ動く大人の中で押しつぶされそうになった小学三年生は、力道山を見るどころではなく（そもそも見えない）、息苦しさでこのまま死んでしまうのではないかという恐怖に駆られ、それこそ死に物狂いで抜け出した記憶がある。

父が勤めていた会社の社長は、早々にテレビ受像機を購入し、同じ敷地内に住んでいる父のような幹部職員を呼んでプロレス中継を見せた。私のような子どももお相伴に与り、それがテレビ体験のはじめとなる。当時行われていた日米対抗水上競技大会の中継も見た記憶がある。もはや古橋、橋爪の時代ではなかったが、周囲の大人はかなり熱狂していたように思う。

プロレス中継は民放（ＮＴＶ）だから当然ＣＭが入る。生ＣＭかフィルムか記憶は定かでないが、草創期の草創期たるゆえんで手法は幼稚なものだった。女性の体調が悪くなったカップルが薬屋に入る。そこで勧められた風邪薬か何かの商品名を、女性がわざとらしく一文字ずつ読むのだ（かの東京オリンピック招致のオ・モ・テ・ナ・シみたいに）。それを見ていた大人たちは、海千山千の社長まで「うまいなあ」と感心するのである。私は子供心に、こんなわざとらしいものに感心するなんてどうかしていると思った。これもテレビ草創期の情景である。

父の社会的立場（この表現が適当かどうか自信がないが）のおかげで、部屋の中で座ってテレビを見るという体験では、私はそれほど劣後していたわけではない。ただ自分の家ではないだけに、テレビの特性である日常的経験と言えるものではなかった。

我が家のテレビの時代が始まっても、すなわち高校生になっても、私にとってラジオの時代はしばらく継続し、メディアの併走状態みたいな時代が続いた。機器としてのラジオはもちろん真空管ラジオではなく、テレビと同時に購入したＦＭ放送が聴けるラジオである。当時オーディオメーカーのトリオ（のちのケンウッド）が、ＦＭの聴ける小型ラジオを発売して、大々的に宣伝していた。親に比較的高額な（といっても大した額ではなかったと思う）ものを買ってくれとねだったのは、後にも先にもこのときだけだったと思う（その意味では私は良い子だった）。一度はテレビ優先の予算配分を理由に却下されたが、はじめて秋葉原で買い物をした両親にとって、テレビは予算をかなり下回ったらしく、無事、同時購入となったわけだ。

どうでもいい話をくり返しているように思われるかもしれないが、私はこういった些末な事情も、いやそれこそが、メディア体験を構成する要素だと思っている。このラジオは結局私の独占物のようになり、それで「ミッドナイト・ジャズ」や「昨日のつづき」を聴いた。後者はまだ後年のような有名人ではなかった永六輔、大橋巨泉、前田武彦らによるトーク番組で、私には面白かった。そこで語られているようなことは、周囲の大人たちの会話よりはるかに自分に近い存在だと思った。高校一年のときの作文に、そんなことを書いた記憶がある。永六輔の輔の字が思い出せず、面倒なのでエイロクスケとカタカナ書きにしたことまで覚えている。「今日の話は昨日のつづき、今日のつづきはまた明日」という番組のシメのセリフも、何ということはないのに気が利いていると思った。

やがて私が愛することになるテレビ番組には、ラジオの「昨日のつづき」と同じ空気感が流れていた。それはそうだろう。この人たちこそ「黄金時代」の担い手だったのだから。

## 三　『お前はただの現在にすぎない』――テレビは思考する

時系列にしたがって記述するなら、ここから小林信彦『テレビの黄金時代』[5]を取りあげるべきだが、構成の都合上、『お前はただの現在にすぎない』からはじめたい。私がいま書いているこの原稿では、常に、なぜこの本なのかという説明が必要になるのだが、『ただの現在』の場合は特に必要かもしれない。

いまやこの本について記憶している人も多くないかもしれない。しかしすでにふれたように（註1参照）、半月と少しの間に刷りを重ねるほどの話題作だったのだ。しかも、先年ある民放テレビ（在京）の番組製作に少しだけ協力したのだが、その時の若い担当者はこの本を知っており、いまでも一部のテレビマンの間では一種の古典扱いされているのだと言っていた。私はちょっと驚いた。

この本が刊行された頃、テレビ論だのメディア論だのというものはほとんど存在しなかった。マクルーハンの『グーテンベルクの銀河系』の初訳が一九六八年（竹内書店）である。そんな中で、メディア論という言い方はされなかったが、現場のテレビマンの方法意識は新たな領域を自力で切り拓いていた。その象徴が『ただの現在』だったのだと思う。

　今野勉の回想『テレビの青春』によれば、『ただの現在』の三人の著者のうちの二人、今野と村木良彦がラジオ東京テレビの入社試験を受けたのは一九五八年、[6]その年に現役の若いディレクターによる画期的なテレビ論が書かれていたことを今野は紹介している。入社試験を受けた当時の二人は、もちろんそんなことは知らない。そのテレビ論とは、吉田直哉《よしだなおや》（NHK東京）「記録映画との訣別状」（『記録映画』一九五八年九月号）と、和田勉《わだべん》（NHK大阪）「テレビ芸術論――テレビドラマは何を表現すべきか」（『映画評論』同月号）である。

　テレビドキュメンタリーは記録映画とは別物だと主張する吉田によれば、制作者の意図や主張を観客に説得するための道具としての記録映画は、「はじめから、何を見せて何を隠すかが決定されて」いる。テレビの場合、「主張」の代わりに「仮説」が立てられるべきであり、「すべてのショットは、仮説を検証するための実験として投げかけられ」る。重要なのは生起する事実を前にした思考のプロセスだとする吉田は、「思考過程の現在進行形」を提唱した。

　気鋭のテレビドラマ演出家として頭角を現していた和田勉は、テレビドラマにとって映画の「物語主義」「スター主義」からいかに遠ざかるかがテーマであり、「ドラマは、まずは何はともあれテレビによるドラマであらねばなりません」（傍点原文）と述べている。

　それぞれに映画を意識して書かれたこれらの論考は、映画との差異化の主張というよりは、テレビは映画とは異なるメディアであることを、実践を通じて発見した報告書と考えるべきなのではないか。本放送開始からわずか五年で、最良のテレビマンたちはここまで到達していたのだ。

村木や今野が入社する前年、ラジオ東京テレビは、テレビ史で必ず言及される伝説的なドラマを放映している。岡本愛彦《おかもとよしひこ》演出の「私は貝になりたい」である（十月三十一日放映）。長い間、BC級戦犯の悲劇を扱った反戦ドラマとして、いわゆる「良心的」ドラマの代表選手のように評価され続けた。しかし私はこのドラマを見ていない（だってテレビなかったんだもん）。

ずっと後になって、このドラマに対して加害者意識の欠如みたいな観点からの批判がなされた。だが問題はそんなところにあるのだろうか。その後、映画を含めたリメイクがなされたように、「私は貝になりたい」はテレビでなければ表現できないドラマというわけではないと思う。むしろ庶民の戦争という主題をダイレクトに家庭の中に、茶の間にねじ込んだことに意味があるのではないか。それをどう評価するかは別の問題だが、テレビというテクノロジーだけがそれを可能にしたのは確かである。

いずれにしても、テレビがある到達点に達しつつあったとはいえ、現場は未だ草創期の混沌を引きずっていた。新入社員の村木や今野も、彼らの先輩の萩元晴彦《はぎもとはるひこ》も、混沌の中を駆け抜けながら、経営や政治との軋轢《あつれき》を引き起こす「問題作」を送り出すようになる。私は『ただの現在』の著者たちの方法意識を強調しすぎるかもしれない。しかしそれは文学青年くずれの戯言ではなく、出演交渉をし、撮影許可をとり（場合によっては無許可で強行し）、経費の厖大《ぼうだい》な伝票を切り（しばしば捏造し）、弁当を手配するといった山のような業務をこなしながら、七百日連続出勤（今野『テレビの青春』）という狂乱の中で発見され、つかみ取られていったものである。

『ただの現在』の中心に置かれているのは「TBS闘争」であるが、しかし主題は「TBS闘争」そのものではない。強いて言えば、テレビとは何かという問いに関するドキュメントである。とはいえ、「TBS闘争」がきっかけとなって編まれたものであることは間違いないので、その「闘争」がいかなるものであるかについて簡単に触れておく。

一九六八年三月はじめ、先鋭なドキュメンタリー作品を発表して高い評価を受けていた萩元晴彦と村木良彦が配置転換される。萩元はテレビニュース部へ、村木は非制作現場の事務職である。組合はこれを不当として反対闘争に入る。時を同じくするように、成田空港建設反対運動を取材中のTBSの報道車が、集会に向かう反対同盟の婦人たちを同乗させて検問に引っかかり、持っていたプラカードが角材（凶器）と認定されて検束される事件が起こった。TBSは関係者の大量処分に踏み切る。その数日後、人気があったニュースキャスター田英夫《でんひでお》が夕方の番組「ニュースコープ」を降板した（のち退社）。背景に政治的な圧力があったと言われる。

これらは一九六八年の三月に立て続けに起こった。それらをめぐる一連の動きがTBS闘争と呼ばれるものである。この経緯は複雑である。配転反対や田英夫の降板問題をめぐって、会社側を糾弾する運動はTBS労組が主導した。しかし成田事件は事態を混乱させた。労組は空港建設反対の立場を示しながらも、現地の反対同盟やそれを支援する新左翼諸党派の闘争手段には批判的だったからである。そして『ただの現在』の著者たちは、TBS闘争の一方の当事者でありながら、労組のあり方を批判するという立場で一貫していた。

『ただの現在』の構成の仕方は、コラージュによる紙のドキュメンタリーみたいな独特なものである。最初に序章として、縦三段組みで三人のライフヒストリーが並列的に並ぶ。本人たちの自筆年譜である。次に第一章が三月十日の成田事件のクロニクル。間に日色ともゑ、市川崑、藤本義一、隅井孝雄《すみいたかお》（民放労連放送対策部長）、澤田隆治《さわだたかはる》（大阪朝日放送プロデューサー）、林美智子、前田武彦、和田勉への、いかにも彼ららしい、あなたは三月十日（成田事件の日）に何をしていましたかというインタビューが入り、国会のやりとり、田英夫の突然の降板などが織り込まれる。

第二章はティーチインをはじめとする、局内の議論の記録（もちろん三人の当事者も発言している し、荒瀬豊《あらせゆたか》、むのたけじら外部の人間の発言もある）。第三章はパリ五月革命、チェコスロバキアの民主化運動、日大闘争の動きをめぐる様々な発言や文書のコラージュ、第四章はTBSの大量配転と、日放労、民放労連の動向および内部の議論。第五章は、「テレビジョンはジャズである」と題する、さまざまな発言やインタビューのコラージュである。

これらを読んでいくと、『ただの現在』を通して現れているのは表現の抑圧や弾圧といった問題ではなく、テレビ観の闘争だったことがわかる。そしてそのことについて、当時の私のような付和雷同組も気がついていたのだ。

ティーチインや労組内の議論が全く嚙み合わない中で、議論は反動化反対派（組合派）、不偏不党派（ニュース派）、表現派（制作派）に色分けされるようになったという。議論を単純に色分けする当否はしばらく措けば、この色分けは私のようにその時代の雰囲気を知っているものにはまことに分かりやすい。要するに、今野や村木や萩元のように、テレビとは何かという根源的な視点から闘争を捉えようとする立場は、政治的抑圧反対やニュースの不偏不党を守れという立場からは、理解されなかったのである。

では表現派と目された彼らは、どのような作品を発表していたのか。萩元晴彦は一九六六年に、三人の女子学生をインタビュアーに、八百二十九人に同一の問いかけをする全編インタビューによるドキュメンタリー「あなたは……」を制作する。このときはじめて村木良彦と一緒に仕事をしたという。

『ただの現在』には、「いま一番ほしいものは何ですか／月にどのくらいお金があったら足りますか／もし総理大臣になったら何をしますか」にはじまる二一の質問があげられている。「ベトナム戦争にあなたも責任があると思いますか／では、その解決のために何かしていますか」だの、「あなたにとって幸福とは何ですか／ではあなたは今幸福ですか」だの、いま思えば聞かれる方はさぞ迷惑だっただろう。でも恐らく、「最後に聞きますがあなたはいったい誰ですか」と問われた人は、そんなことお前の知ったことかとは言わなかったのではないか。この番組を見た人間は、それぞれに何らかの「現在」を感じたのだと思う。

翌六七年二月、同様に街頭インタビューのみで構成した「日の丸」を制作するが、放送後、視聴者から抗議が殺到し、郵政大臣が閣議で問題にし、電波監理局の調査が行われた。萩元は同年五月に「テレビ・ドキュメンタリーの演出に新しい方法を開拓した」ことを評価対象に、放送批評懇談会のギャラクシー賞大賞を受賞したが、同時に労組やテレビマンの中からは、「何をやっているのか分からない」「難解だ」という類の批判が多発した。そしておそらくは「日の丸」が引き金となった経営への圧力によって、萩元は一九六八年三月、テレビニュース部に配置転換される。

今野勉は人気シリーズ「七人の刑事」の演出家として注目されていた。私が最も強い印象を受けたのは、一九六七年の「ふたりだけの銀座」である。山内賢と和泉雅子のデュエットで前年にリリースされミリオンセラーとなった「二人の銀座」[7]が効果的に使われていた。

簡単にストーリーを紹介すると、房総の海岸に遊びに来ていた若者たちが誤認逮捕されてしまう。釈放されたもののむしゃくしゃした彼らは、若い漁師とその恋人のカップル（寺田農と吉田日出子が演じていた）を襲って、女を連れ去ってしまう。東京に出て来て刑事たちと恋人を探す主人公は、銀座のデパートの屋上で恋人を発見するが、彼女は連れ去った男の一人と睦まじくしており、自ら進んで男と一緒に来たのだと言い張って、帰ろうという主人公を拒否する。

連れ去った男とのやり取りの中で、主人公は自分の方が連れ去った男より稼ぎの多いことを知り、一瞬優位に立ったと思う。しかし相手はそんなことは問題にしない。東京で暮らせる、それが格好いいってことじゃないのという男の主張に、恋人も同意するのだ。言いようのない怒りにとらわれた主人公は、見知らぬ通行人をナイフで刺してしまうのである。

この演出で、今野は視聴者の価値観に沿った正しさの側に立たない。東京の暮らしの方がカッコいい。いかに空疎でも、それがこの若者たちのリアルなのだ。「待ちあわせて　歩く銀座／灯とも し頃　恋の銀座」ラストにかぶる主題歌が印象的だった。

今野はこの年、放送作家協会の演出者賞を受賞している。意外なのは、萩元晴彦と知り合うのがこの頃なのだ。翌一九六八年十一月に、大阪万博の電気通信館の企画制作のために、萩元と今野はＴＢＳを休職する。そしてＴＢＳ闘争の余熱がまだ残っている中、彼らは会社を離れ、新しい組織テレビマンユニオンを結成する。[8] 萩元、村木、今野の作品を賞賛した、反体制を気取るメディアには、反万博の言説が踊っていた時代である。

今回いろいろ探しても出典を見つけられなかったのだが、いまだに記憶に残っている萩元晴彦の発言がある。それは「なぜ僕たちがNHKの番組を作ってはいけないのか」という意味合いのものだった。実は私は、『ただの現在』をめぐって、最も強い印象を受けたのがこの発言なのだ。テレビマンユニオン草創期の発言だと思う。このあたりは、いま振り返っても時間の進行が速く、その間に詰め込まれた出来事の密度は濃すぎるほどだ。

いまやプロダクションがNHKの番組を作ることは日常茶飯事になっている。しかし当時の私は、凄いことを考える人がいると思った。もしかしたら、そのような動きはすでに胎動していたのかもしれない。もちろん萩元の発言は、NHKが外注する下請け仕事をやるという意味ではない。企画から立ち上げて自分たちがNHKの番組を制作するという意味だ。テレビマンが自ら制作する立場を堅持しつつ、ビジネスとしてのメディアのシステムを作り替えようとしている。当時そのように言語化していたわけではないが、私にはきわめて先進的な発言に思えたのだ。

『ただの現在』を再読してあらためて確認したのは、そこから表現の領域における反体制運動史を読み取ろうとしても無意味だということだ。彼らの活動は、テレビというメディアの草創期の担い手たちが先駆的に提起していたものを、正統に継承するものだったと思う。それは、テレビというメディアは、客観性や公平性を要求される表現においても、そこに否応なしに侵入してくる「現在」を排除できないということであり、そのこと自体がテレビをテレビたらしめているもの、すなわちテレビの属性であるということだ。そして記録としての『ただの現在』は、活字によって、テレビ的なもの、すなわち進行している「現在」を進行形のまま残そうとする試みでもあった。

## 四　『テレビの黄金時代』――それは確かに存在した

序章でも述べたように、私がやろうとしていることは、「戦後」のある時代に書かれた本をいまになって読み返し、再読というキャッチボールを通して時代を再考しようという試みである。だからその本が出版された同時代に私がそれを読んでいることが選書の条件であり、時代と著作の内容と私の読書体験が時間的に重なっていることに意味が求められている。そのことに関して言えば、小林信彦の『テレビの黄金時代』は少し反則だ。この本は回顧であり、過去についての証言である。私にとっての同時代性は、そこに書かれている過去の中にある。ただ「黄金時代」の、すなわち一九六一年からの我がテレビ体験を確認するのに、これ以上の資料は見当たらないのだ。この本では、井原高忠《いはらたかただ》[9]という伝説的なプロデューサーとの関わりにはじまり、「シャボン玉ホリデー」から「巨泉×前武ゲバゲバ90分！」に至る疾風怒濤《しっぷうどとう》のようなバラエティー番組の黄金時代が回顧されている。「テレビの黄金時代」とはいつのことか。小林信彦によれば、そのはじまりは一九六一年、この年、ＮＨＫで「若い季節」「夢であいましょう」、日本テレビで「シャボン玉ホリデー」、ＴＢＳで「七人の刑事」がはじまるのである。大阪朝日放送製作の「てなもんや三度笠」（東京ではＴＢＳで放映）は翌六二年のスタート、同年には『週刊ＴＶガイド』が創刊されている。いつまで続いたかというと、きびしく見れば一九七一年、あまく見て一九七三年だという。一九六九年十月に始まった「巨泉×前武ゲバゲバ90分!」が終わるのが一九七一年三月、翌年十月には「シャボン玉ホリデー」が「無残な形で」(『黄金時代』三四八頁)最終回を迎える。

これまで意識したことはなかったのだが、この定義を読み直して、あらためてアッと思った。まさに我が家にテレビが導入された年こそ黄金時代のはじまりであり、終わったとき私は家を出ていた。

一九七〇年の三月三十一日に赤軍派を名乗る集団が日航機よど号をハイジャックした。このとき、家を出て安アパートに住んでいた私のところに、思いもかけず父から電話がかかってきた。私の生涯の中で最も素寒貧な時代だったが、いろいろ都合があって電話だけは引いていたのだ。

電話の内容は全く意外なもので、お前は乗っ取り犯の連中についてどう思うのかというのだ。ある年齢になってから、父とまともに話すことを忌避していた私は、世の中の出来事について父と議論などしたことがない。予想だにしない問いにへどもどしながらも、いまどき北朝鮮に何を期待しているのか、全く度しがたい連中だと思っていた私は、その通りを父に伝えた。

このとき父はかなり興奮気味で、そんなことを言うもんじゃない、彼らはかわいそうだと、乗っ取り犯にたいそう同情的なことを言う。ちょうど福岡空港で膠着《こうちゃく》状態になっていた時だと思う。もう目的は達成できないだろう、こうなったら乗客を解放し、機長をぶっ殺して自爆するしかない、などとめちゃくちゃなことを言う。あのとき父の心中に何が起きていたのか、いまだにわからない。そんなことを言う人間ではないのだ。戦後の鬱屈が一挙に爆発したのかもしれないと想像するが、なぜハイジャック事件が引き金になったのかは、息子の私にも理解を絶する。

一九七二年二月には連合赤軍の浅間山荘事件が起こった。クレーンに吊り下げられた鉄塊が破壊したのは、山荘の壁ではなく私の中の何か、過激主義だったかもしれない。壁が壊される音は、お前なんかの時代はもう終わりだと告げていたのだろうか。

しかしそんなことはどうでもいい。道路をふさぐジグザグデモが交通を遮っても文句は言われなかった、そんな生活者の寛容な目がなくなっていった。破壊されていくあさま山荘のテレビ映像に、昼食時のサラリーマンの目が釘付けになっていたのを私は覚えている。私は学生運動の季節が終わっていくことを感じていたが、実は普通のサラリーマンや主婦の中で、それとは違う何かが変わりはじめていたのではないか。高度成長の果実を実感できる時代が、ようやく目の前まで来ていた。

小林信彦に従えば、テレビは一九五三年の本放送開始（ＮＨＫと日本テレビ）から八年目にして早くも黄金時代を迎え、それはわずか十年間で終焉したことになる。そのことは普通のサラリーマンの内部で、ひっそりと何かの幕が下りるのと軌を一にしていたのだろうか。

先に走りすぎた。黄金時代のはじまりに戻ろう。我が家にテレビが入ったとき、ＮＨＫの夕方の連続ホームドラマ「バス通り裏」はすでに人気番組だった。私の中学校の新聞部が、テレビに関する生徒の座談会を企画したことがある。どんな番組が好きかといったたわいのない企画だったが、そこでも「バス通り裏」は人気だった。見たことがなかった私は、記事を読んでちょっと取り残された感を味わった。なのでテレビが導入されてからは「バス通り裏」はよく見ていた。

いまから見ればごく普通の連続ドラマであり、したがって最初から評論家の論評の対象になどなっていない。しかし今野勉はこの番組の本質を正確に言い当てている。

すなわち、いまにして思えばという後年の評価だが、ホームドラマや帯ドラマは、テレビというメディアの特質を生かした「発明」であり、その意味で「バス通り裏」は、「テレビ史上画期的な番組」なのである。この番組で登場した佐藤英夫らの新人の演技は、「小津安二郎や成瀬巳喜男の映画の「日常的リアリズム」に対して、テレビの「日常的ナチュラリズム」ともいうべきものを作り出しつつあった」のだ（『テレビの青春』二三頁）。

このテレビの「日常的ナチュラリズム」は、毎日流れていく帯ドラマという形式が、視聴者の支持を得て持続する中で形成されたものではないか。だからその形成には視聴者が参加していたとも言える。このようにして、制作者と視聴者の間に成立しつつあった新しいリテラシーこそは、「一億総白痴化」論への最も強力な反論だったのではないだろうか。「バス通り裏」については、そこまで入れ込んで見ていたわけではなく、惰性のようなものだったとも言える。もっとも、その惰性こそが「日常的ナチュラリズム」形成の動因であったのだが。それとは異なって、「夢であいましょう」や「シャボン玉ホリデー」は、惰性ではなく、まさに見るべき番組として私は見ていた。何がよかったのかと言われても、感覚に合っていたとしか表現しようがない。

『ヒッチコックマガジン』の編集者をしていた小林信彦[10]は、井原高忠という文字通り伝説的なNTVのプロデューサーに協力して、プランナー、放送作家としてテレビの黄金時代が創りあげられていく真っただ中にいた。この人の証言が重要なのは、黄金時代とその後に、テレビバラエティやコメディにおいて時代を画したタレントと仕事をしているからである。ハナ肇とクレージーキャッツ、コント55号、ザ・ドリフターズ。さらにそれらのタレントと、プロデューサー、ディレクター、放送作家、そこから出てきたタレント（永六輔、青島幸男、前田武彦、大橋巨泉 etc.）がかけ合わさって、どのように化学反応を起こしたかが記録されていることがミソだ。

今回の再読の大きな成果は、同時代の証言でありながら、一見すると接点がないように見える『ただの現在』と『黄金時代』の視線が、実は明瞭に交差していることを確認できたことだ。

実のところ、はじめ私には、この二冊はテレビが草創期から黄金時代へと駆け上がるプロセスを象徴する記録でありながら、そこに記録された二つの世界は、一見すると交わることがなかったように見えた。それぞれの世界を誠実に生きた体験であるが、それらは異なる世界の体験であったように見える。並行して走る二組のレール。私ははじめそう思っていた。

しかし『ただの現在』において、著者たちがインタビューしたＴＢＳの外のテレビマンは、ＮＨＫの和田勉とともに、「てなもんや三度笠」のプロデューサー澤田隆治である。今野勉の回想において参照枠の一つをなしているのは、明らかに『黄金時代』だ。より根本にさかのぼっていえば、『ただの現在』の著者たちが制作した新しいドキュメンタリーやドラマも、小林信彦が引き込まれたバラエティショウの世界も、そしてまた大阪朝日放送の「てなもんや三度笠」も、差別とコンプレックスの入り交じった新興メディアであるテレビの担い手たちが、手探りで創りだしたメディア方法論ではないか。

私たちは、『ただの現在』と『黄金時代』を合わせ鏡のように見る必要がある。そうすることで、はじめて一九七〇年前後に起こったことを理解することができるのではないか。たとえば『ただの現在』の著者たちのTBS退社は、運動と政治の文脈で語られすぎていないか。テレビマンユニオンの誕生をある種の政治性として理解したのは(その要素がなくはないが)、私も含む多くの人間の誤解だったのではないか。

小林信彦が『黄金時代』でまとめている観点からすると、テレビマンユニオンの設立は民放テレビ局の企業としての近代化、合理化の一環であり、各局が進めた番組制作部門の切り離しとプロダクション化の流れの一部であった。一九七〇年にはじまる動きは、TBSの場合、木下恵介プロダクション、テレパック、テレビマンユニオンの誕生である。日本テレビ(NTV)の日本テレビ音楽株式会社設立、NET(テレビ朝日)の報道部門分離などが続き、フジテレビもプロダクションを作った。

小林信彦はこれらの動きを、テレビ局による「〈黄金時代〉の整理」としている(三五〇頁)。テレビマンユニオンの社長となった萩元晴彦は、「組織の制約から脱して新たなテレビ表現を探る」と宣言した。

## 小括——もう一度、あれは何だったのか

これまで考えてきたことをまとめるために、テレビの普及の意味を考察する上で最も刺激的なデータを示したい。それは私史を〈思い出のテレビ番組〉ではなく、〈史〉たらしめることを助けて

くれるだろう。

図①と図②は、高度成長期における生活の変化の指標とされる耐久消費財の普及動向を表したものである。これらを通して、テレビの普及のあり方が際立った特徴を示していることが見て取れる。[11]

**図1　主要耐久消費財の普及の推移**（都市・農村別）

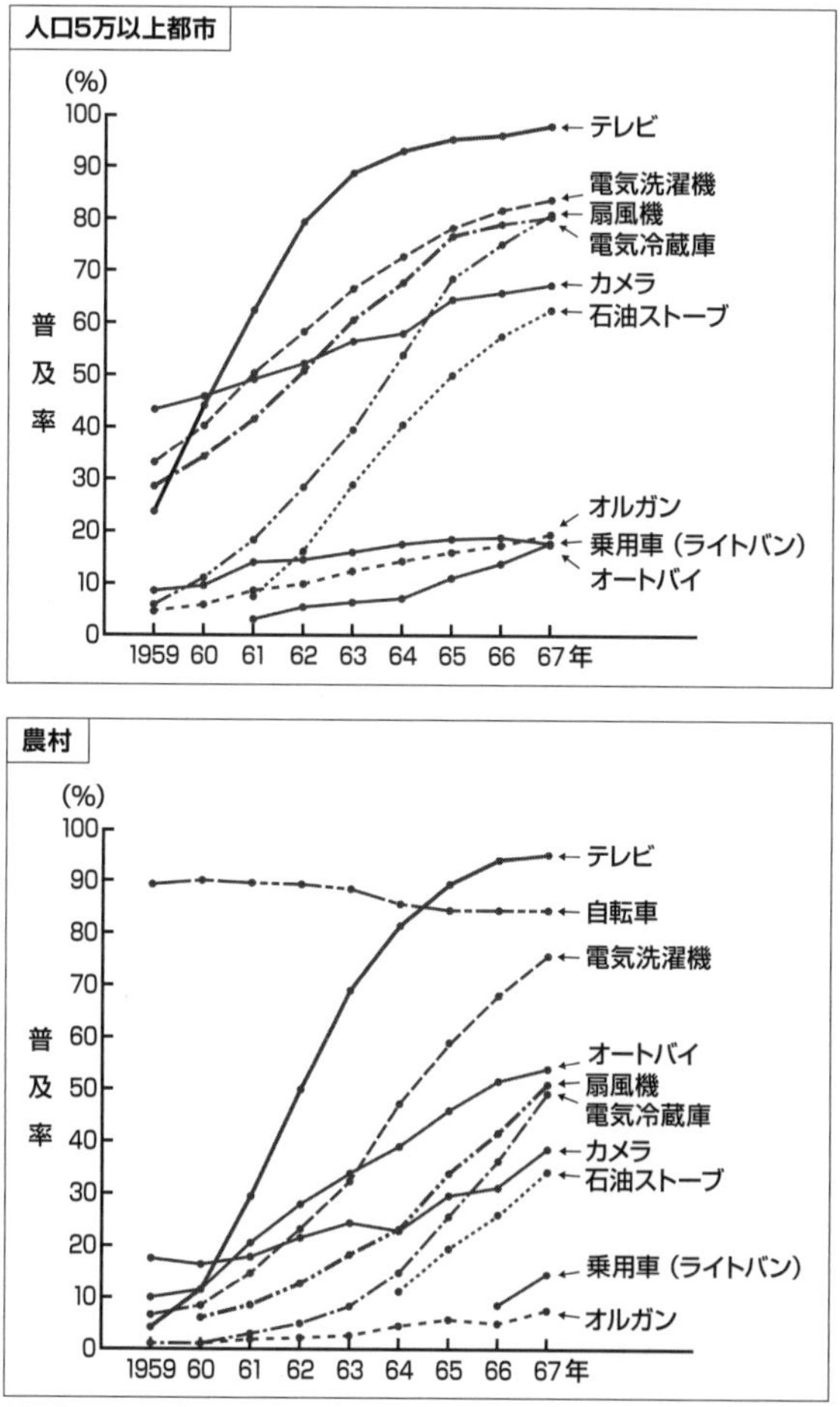


（出所）吉川洋『高度成長——日本を変えた6000日』（資料は経済企画庁「消費貯蓄の動向」昭和41年）

**図2　主要耐久消費財の所得階層普及率**
（1966年2月現在）

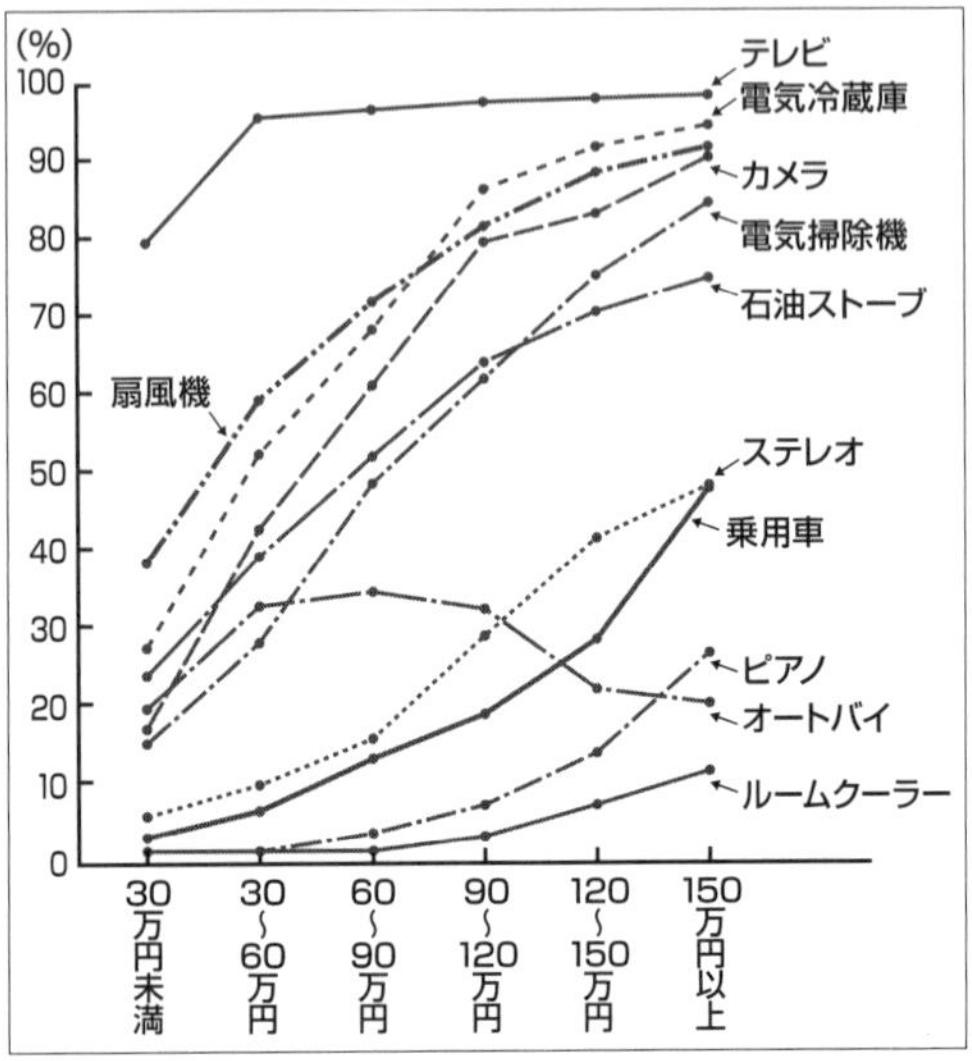


（出所）前頁と同じ

図①を見ると、都市部にわずかに遅れるものの、農村部にあっても一九六〇年代の半ばには九〇%を超える普及率を示し、すでに頭打ちの状況である。また図②は、テレビの場合のみ、所得階層による普及の差がほとんど見られないという、きわめて興味深い特徴を示している。テレビはさほど豊かでない家庭でも、また都市と農村の別を問わず、他の耐久消費財を圧して購入したい電化製品の筆頭だったのである。

それがあくまでも一般的な図式にすぎないことを承知した上で（他ならぬ我が家が当てはまらない例だ）、しかしこの図から引き出せる問いは重要である。なぜテレビだけが際立って異なる普及の仕方を示したのか、そして本稿が考えてきたテレビのメディア的特徴とこの図式はどのように関係するのか。

今日まで続くテレビの時代は、乱暴にまとめてしまえば、高度成長が創り出した都市文化が地方に均霑《きんてん》していき、都市と農村の文化的差異を解消していく過程であった。明治以降の都市化が都市と農村を差異化するものだったとするなら、高度成長以降の都市化は、都市と農村の差異を解消する都市化である。[12] そのこととテレビの普及は関係があるはずである。

人びとがテレビに求めたのは〈面白さ〉である。〈面白さ〉はインテリや評論家から見た〈俗悪〉番組と背中合わせだ。しかし〈俗悪〉批判が見落としていたのは、〈面白さ〉が〈知る〉という行為と関係しているということである。[13] テレビが提供したのは、知るという行為に関わる利便性ではないか。テレビは〈日常〉という時間の側から、〈面白さ〉を通して知るという行為を促したのである。私たちはテレビについて考えるとき、それが家庭という〈日常〉に常時侵入できる初めてのテクノロジーであったことを、何度でも思い出すべきである。そのことによって、他のメディアにはるかに勝って、テレビだけが「現在」という契機を持つことになる。

このようなテレビの特性が、大衆(視聴者)をめぐる表現者(テレビ制作者)の省察を促したのだと思う。バラエティをはじめとする娯楽番組が重要なのは、それが視聴率やより直接的な視聴者の反応(電話・投書)、スポンサーの意向などを通して、家庭の日常が制作者にフィードバックされる回路を形成し、長い時間の中で両者の往還を可能にしていったからである。テレビはそれまでと異なる新しい質と形式の大衆文化を創り出していったのである。それがもたらしたものが必ずしも美しいものではない「大衆」の発見という更なる混沌だったとしてもである。[14]

テレビが見出した新たな地平と、それが導いた更なる混沌は、ある普遍性をもっていたと思う。テレビの現在性が、作品は制作主体から切り離されたものではなく、否応なしに「主体」自身を内包せざるを得ないことを確認させたとしたら、それはあらゆる社会や文化の認識にも当てはまるものであった。重要なのは、そのような動向が、企業や商業主義の中から出て来たということである。今野勉は『テレビの青春』まえがきの末尾で、自ら内容を次のように語っている。第一に「無知と無謀、それゆえの失敗と挫折、汗と涙とそして笑いの青春の物語」、第二に「これまで知られていなかった新たな事実を加えたテレビ史の記録」、最後に「若者たちが体を張って摑んだテレビの思想の書」であると。

読者はこれを読んで陳腐と感じるか、はたまた「思想」とは大げさなと冷笑を浮かべるか。私は書かれたそのままに受け取った。

自己言及的な方法意識、主体と対象の距離をゼロに近づけていこうとする志向性、かつての私はそれらに素直に、言い換えれば無自覚に反応しすぎたかもしれない。しかしこの問題は、何らかの意味で書く側に立ったことのある人間なら、嫌でも向き合わされる問題である。私個人に即していえば、歴史叙述における「現在」という問題にどのように対するかである。いっそのこと歴史に向かって、「お前はただの過去にすぎない」とでも言ってみようか。

【註】

1 私の手元にあるのは第二刷である。独りよがりの若いやつらしか買わなかったと思っている人がいるかもしれないが、書誌を参照してもらえばわかるように、一か月も経たないうちに増刷されていることにあらためて驚く。以下『ただの現在』と略す。別にふざけているわけではない。「現在」こそはこの本のキーワードだ。

そして今回とりあげるもう一冊を『黄金時代』と略して並べると、何だか平仄が合っているような気がしてくるから不思議だ。

2　今野勉『テレビの青春』（NTT出版、二〇〇九年）。タイトルがあまりに凡庸に見えて埋もれてしまいそうになるが、この本はきわめて先鋭なメディア史の証言である。

3　ホリエモンこと堀江貴文氏がどこかでSNSとテレビを対比して、後者がいかにシェアしにくいメディアであるかを論じていて、なるほどと思ったことがある。しかしテレビだって、かつては画期的なシェアするテクノロジーだったはずだ。まずは家庭内で、そして学校で。だって、ドリフの『8時だョ！全員集合』を見ていなきゃ、月曜日に学校で話題についていけないじゃないか。SNSが歴史を画するシェア文化を創り出したのは、今さら説明するまでもなく、それが不特定多数の人に、即座に、しかも誰の手によってでも発信できる革命的テクノロジーだったからであるが、だからといってテレビが果たした役割を過小に評価する必要はない。

4　とはいえ我が家は「今週の明星」（NHK）も聴いていた。こちらは公開生放送の歌謡曲番組で、聴取者の支持を集めていた（その証拠に、一九六〇年代まで続く長寿番組であった）。私は番組の最初にコーラスで歌われるテーマソングを覚えている。メディアの受容傾向というのは一辺倒に理解してはいけないのだ。

5　小林信彦『テレビの黄金時代』（文藝春秋、二〇〇二年／文春文庫、二〇〇五年）。以下『黄金時代』と略す。

6　ちなみに『ただの現在』の三人の著者のうち、萩元晴彦のみがやや年長で、一九三〇年長野県飯田市生まれ、早稲田大学のロシア文学科を卒業後、一九五三年にラジオ東京入社、一九六三年にテレビ報道部に転じている。村木良彦は一九三五年仙台市生まれ、東大文学部美学科を卒業後、一九五九年ラジオ東京入社、テレビ演出部に配属される。今野勉は一九三六年秋田県生まれ、父が炭鉱夫として移住したため幼少期から北海道夕張市で育つ。東北大学文学部を卒業。村木と同期にラジオ東京に入社、テレビ演出部に配属される。

7　私はこの曲のメロディーを完全に記憶しているが、ベンチャーズの曲に永六輔が詞を付けたものであることは今まで認識していなかった。またドラマのタイトルも歌と同じ「二人の銀座」だと思い込んでいた。当てにならないものである。

8 今回『テレビの青春』を読んで、テレビマンユニオン結成へのプロセスは昔想像していたほど単純ではないことを知ったが、ここでは詳細には立ち入らない。本文で私が追いかけたラインは、三人の中で最も年長の萩元晴彦が中心になっており、他の二人には微妙に異なる事情があったかもしれない。ここに書いたことは、いま私がそのように再読しているということである。

9 雑誌連載時に、私は井原高忠を井原公忠と誤記していた。もちろん連載の次号で訂正したが、それについては少し言い訳があるのだ(別にごまかそうとしているわけではない)。私には身近にテレビの世界の人がいた。妻の兄が放送作家なのだ。思い起こしてみると、『お前はただの現在にすぎない』を最初に見たのも、義兄の書棚だったかもしれない。だから井原高忠の名も、その頃から聞いて知っていた。その界隈でタカタダなんて読み方は誰もしない。イハラ・コウチュウである。それが最初から耳に入っていた。もちろんコウチュウと入力して一発で変換するわけはないので、一文字ずつ変換する際に最初に出てきた漢字を、そのまま確定してしまったのだ。間違いに最初に気がついたのは私の妻である。「ちょっとカッコ悪いよ」と彼女が言ったのは、井原高忠は三井の一族の出で、高が通字だからである。おっしゃる通りです。

10 小林信彦は早くから中原弓彦名義で喜劇に関する評論を書いており、日本の喜劇人を低俗と片づける大方の評価の中で孤軍奮闘していたが、それらはここで取りあげたものとやや異なる系列に属する。私は戦中期の映画体験を書いた『一少年の観た〈聖戦〉』(筑摩書房、一九九五年)に感心して以来、メディア史の貴重な証言者として注目している。

11 吉川洋『20世紀の日本6 高度成長──日本を変えた6000日』(読売新聞社、一九九七年/中公文庫、二〇一二年)。この本は、テレビの普及が他の耐久消費財のそれと際立って異なる特徴を持ったという事実を、データとともにはじめて指摘したものである。

12　都市と農村の関係は、いままた新たな段階にさしかかっている。差異の解消の果てにあるものが「地方」消滅の危機だったとは、誰が予測しただろうか。

13　この視点は、佐藤卓己『日本の〈現代〉14　テレビ的教養――一億総博知化への系譜』（NTT出版、二〇〇八年）に教えられた。

14　今野勉は一九六三年に起こった「俗悪論争」の中で重要な指摘を行っている。「俗悪論争」とは、民間団体がテレビ番組を「教養性」「社会性」という観点から採点し、低俗番組の廃止を要望したことに端を発している。頼もしいことにTBSの社内誌『調査情報』は大々的に反論特集を行ったが、その中で今野勉はトニー谷の「アベック歌合戦」（折り紙付きの低俗番組だ）を引き合いに、次のように主張する。「低俗であれ何であれ、ひとつの番組というものが、大衆の何かを確実にすくいあげているものだとすれば、それは未来の放送文化にとって決して捨てることのできない礎石」であると。今野によれば、アベック歌合戦のような「俗悪番組」を通して、テレビははじめて「大衆の実像」を発掘し、あからさまにしたのである。当時の文化人のテレビに対する嫌悪感は、あからさまにされた日本の大衆の実像を目のあたりにしたからではないか、というのが今野の理解であり、それは正しいと思う。トニー谷に対して投げつけられた罵言の中に、「植民地的」というのがあったのを私は覚えている。そもそも用語法からして虫唾が走るね。

第五章

# 等身大の隣人——韓流前夜

関川夏央『ソウルの練習問題——異文化への透視ノート』（一九八四年）

『別冊宝島39　朝鮮・韓国を知る本』（一九八四年）

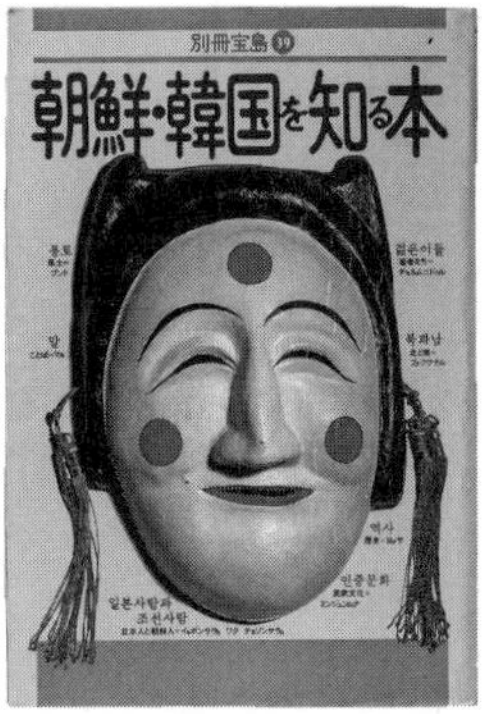

【書誌】

関川夏央『ソウルの練習問題――異文化への透視ノート』(情報センター出版局、一九八四年一月八日／新潮文庫、一九八八年十二月／集英社文庫、二〇〇五年十一月)。私がもっているのは第六刷、一九八四年四月九日付である。驚くべし、三か月で六刷だ。

『別冊宝島39　朝鮮・韓国を知る本』(JICC出版局、一九八四年三月二十五日)。いわゆるムック本であり、雑誌コードであるため、「朝鮮・韓国を知る本」で検索してもヒットしない図書館がある。

## 一　蒙の啓きかた

関川夏央《せきかわなつお》の『ソウルの練習問題』（以下『練習問題』と略す）は画期的な本だった。最初に読んだときのある種、鮮烈な印象はいまでも薄れていない。どのように鮮烈だったのか。それについてはおいおい述べていくが、フィルターを通していない隣国のイメージにはじめて出会ったと思った。

それまではどうだったのか。日本のインテリには、南北朝鮮は統一されるべきであるというフィルターがあって、一度そのフィルターを通してからでないと、韓国・朝鮮を見ることは許されないという、無意識の拘束があったと思う。大げさに言えば、どの店のキムチがうまいかを論じるにも通さなければいけないフィルターである。そのくせ、キムチを食ったことなどないのだ。まず軍事独裁政権批判があり、次に民主化運動支援があり、そこでスタンプを押してもらって、しかる後にようやく生身の人間に会える、そんな感じと言えばいいだろうか。

この本が出た一九八四年には、もちろん状況は少しずつ変わりつつあった。たとえば私のゼミにも韓国からの留学生が二人いた。数少ないが、彼らの案内で夏休みにソウルに出かける日本人学生もいた。まだビザは必要だったが、韓国は行こうと思えば行けるところになってはいた。だが学生同士で親しくなってカラオケに行っても（まだ映像のない音だけのやつだ）、韓国の歌謡など入っていない。いまから見れば、何事かがはじまる前夜というのがふさわしい段階だった。

そんなところに、立て続けに新鮮な情報が入ってきた。『練習問題』からほとんど時間をおかずに、別冊宝島の『朝鮮・韓国を知る本』（以下『知る本』と略す）が出た。さらに数か月後に、NHKのドキュメンタリーを見た。車で移動しながら撮影されたテレビカメラの映像は鮮烈だった。画面を通してナマの韓国を見ているという強い印象を記憶している。そんなテレビ番組などなかったのだ。タイトルなど詳細を忘れているのでNHKのウェブサイトで調べてみると、私が見たのはその年の九月に放映された「韓国・民俗芸能の旅」という番組と思われる。「民俗芸能」の部分をすっかり忘れていたのだが、バックに流れていた歌謡に好印象を持ったのは覚えている。民謡ではなく歌謡曲だったと思う。この映像ではじめて、韓国に行ってみたいと思った。もっともゼミの韓国人学生に言わせると、私がいいなと思った、牛のいる水田風景なんかはヤラセだという。いくら何でも今ごろ牛を使った耕作なんかやっていないというのだ。

いずれにしても、NHKの映像が与えた生身の韓国というイメージは、『練習問題』や『知る本』から受けたインパクトを強化した。ただし二冊の本については、最初に読んだときの記憶をたどると、どちらも同じように画期的という印象があるのだが、今回の再読では、両者の距離はかなり大きかった。『知る本』は、私がはじめて読んだときと現在の落差が大きいのだ。

『知る本』の扉頁には、「人間のサイズで隣国を理解するために」と題する前書きがある。戦後日本で、「人間のサイズで隣国を理解する」という言葉が出てくるまでにどれほどの時間がかかったか。そこに力点を置けば、評価の針は画期的の方に振れる。だが、いま『知る本』をはじめて読んだとしたら、「人間のサイズ」と言いながら結局は戦後日本の謝罪史観を大きく脱していないではないかと思う人の方が多いだろう。

たとえばこの前書きは、大ヒットした趙容弼《チョー・ヨンピル》の「釜山港《プサン》へ帰れ」（前書きは「釜山港に帰れ」と誤記）に言及している。ほんらいは「兄妹が日本と朝鮮に引き裂かれて生きる痛切な想いを朝鮮に生きる妹の立場からうたった歌」が、日本語バージョンでは男と女の別れの歌にすり替えられているという、現在でも生き残っているかもしれない例の言説である。しかも、解釈の問題ではなく事実として語られているのだ。[1]生き別れの原因が強制連行によるものかどうか定かではないが、などとぼかしてはいるが、それはイデオロギーで割り切ってはいないことを示すポーズに見えてしまう。

もう一つだけ付け加える。この本のＰＡＲＴ１は「同世代の韓国人たち」である。しかし「同世代の（北）朝鮮人たち」という章はないのだ（「朝鮮・韓国を知る本」だよ！）。もちろんそんな章を書くことなど現実には不可能なのだが、それが不可視化されていることへの言及なしに、自分たちの立場は「兄妹の生き別れの痛切な感情を、男への女の思慕にすり変《ママ》えて理解してしまう立場とは無縁である」などと力み返るのでは、結局のところ無限の言い訳の連鎖をまぬがれないのである。

とはいえ、そのような批判は再読の結果である。本書では、歴史として振り返る行為の中に混入する後知恵をつまみ出すことを常に意識すべきだが、今回はとくにそのウェイトが大きい。私の中の明らかな価値の転換を、初読時の感想に持ち込んではいけない。なので、はじめに告白しておく。

私ははじめて目にしたとき、『練習問題』と並んで『知る本』を画期的な本だと思い、その出現に感動した。がっかりさせて申し訳ないが、事実だから仕方がない。そう、当時はこのくらいで感動できたのですよ。

この本については、人権や民主化、在日朝鮮人の問題などと、プロ野球、映画、演歌、料理からソウルのビギナーズガイド、ハングル入門に至るまで、同一平面に並列して見せた編集を買うべきなのだ。だから、アムネスティ・インターナショナルのレポートから「韓国における人権問題と良心の囚人たち」を引いたら、「北朝鮮における人権問題と良心の囚人たち」も並べてあるのだ。

あらためて数えてみると、日本が敗戦によって植民地を放棄してから「人間のサイズ」で隣国を理解しようとするまでの時間と、理解しはじめて(?)から現在までの時間は、ほぼ同じなのだ。隣国のとらえ方や付き合い方について、「人間のサイズ」以後の激変ぶりがいかに大きいかを知るとともに、理解しはじめる(?)までにいかに時間がかかったかも知るべきであろう。

## 二　『練習問題』とどこで出会ったか――等身大の前夜

『練習問題』に出会う前提として、いくつかの私的体験にふれておきたい。

私が九州大学文学部の教員になりたての頃、学部ゼミに独得の存在感を放つ一人の学生がいた。学部内で知らぬものはない(と思われる)学生運動の活動家で、特定の党派には属していないように見えたが、私が知らなかっただけかもしれない。蛇蝎《だかつ》の如く嫌っている教員もいた。

彼はゼミの中での発言や試験の答案で、あからさまに党派的な主張を展開するわけではなく、気の利いた当てこすりや皮肉で自身の批判的立場を表明して見せた。たとえば、第一次大戦後の日本における思想状況の講義のレポートで、ある国家主義団体の構成員の名前を列挙したとする。彼はその中で、鹿子木員信《かのこぎかずのぶ》についてのみ括弧書きで肩書を付けるのだ。肩書は「九州帝国大学教授」である。なんら批判的言辞を弄することなく、全く正しい客観的事実のみを記すことで、教員の私に対して、「オマエらもその後裔じゃないか」と皮肉った（おちょくった）わけだ。これは学部の学生としてはちょっとした芸である。

彼の言動の中でもう一つ記憶に残っているのが、そもそも中国語も朝鮮語もできない人間が日本の近代史を論じられるのかという主張である。これもレポートの中の記述だったと思う。この指摘は一般論としてそれなりの正しさを主張できるかもしれない。しかし世の中には、日本語のできない人間による朝鮮半島の近代史（今日では稀だと思うが）や、中国近代史もいくらも存在する。それらすべてを否定してみても、それだけでは何も生まないだろう。日本近代史についても同じだ。そもそも、朝鮮語や中国語のできる人物によって、さすがです、恐れ入りましたという日本近代史が生み出されなければ、くだんの主張はたちまち色あせてしまうのは自明だ。一九七〇年代の研究状況のもとでは、朝鮮語も中国語もできない私ごときでも、おめおめと引き下がるわけには参らぬのである。

その学生（以下Y君とする）は私の大学教員としてのキャリアの中で、単に頭がいいとかよく出来るという範疇《はんちゅう》を超えた知性を感じさせる存在として、群を抜いていた。聞き及んだ範囲でY君の活動歴として目立つのは、九州大学文学部に朝鮮史学科が新設される際の反対運動である。私が就職する二年ほど前だ。反対の理由は、朝鮮史学科の新設は、朴正熙《パク・チョンヒ》政権と癒着しつつ韓国進出を図る日本政府による、大学の帝国主義的再編の一環であるとか何とかいうものである（同僚の先生の言い方を学生時代の私の知識で補ったのだが、まあ大体そんなものだろう）。そのような言説は学生運動が作り出す定型に過ぎないが[2]、そのような思考回路を知っている私のような世代の人間には分かりやすい。つまり、それだけなら何ということはない話である。

少し定型と異なるところを感じさせたのは、Y君はゼミの発表の中で、自分で日本語訳した朝鮮語の新聞を資料として配付したのである。同じ年頃の自分とその周囲を振り返ってみると、これもちょっとしたものではなかろうか。

Y君とは卒業後、大学の図書館で何度か出くわしたことがある。いまどうしているのかと尋ねたら、司法試験の勉強をしているということだった。現在のY君、いやY氏は、著名な人権派弁護士として福岡を拠点に活躍している。韓国の徴用工問題をめぐっては、個人請求権は消滅していないという立場から、支援活動を行っていることで知られる。その問題に関して、いまの私の考え方は異なっている。

その九州大学文学部朝鮮史研究室の設置について少しふれる。この部分は直接体験した以外のことも含まれることを、あらかじめお断りしておく。

朝鮮史学者吉田光男の整理によれば、九大朝鮮史学科設置の歴史的位置づけは次のようなものであるらしい[3]。第二次大戦後、日本の大学で最初に韓国関係の専門教育組織を開設したのは一九五〇年の天理大学で、その後しばらく、日本の大学に専門研究教育組織は設置されなかった。二つの学会はできたが（朝鮮学会、朝鮮史研究会）、個別に大学等に職を得た研究者はあっても、朝鮮史学者にとってしばらくは冬の時代であった。一九六三年に大阪外国語大学に朝鮮語学科が開設されたが、七〇年代までは天理と大阪外語のみであったという。

一九七四年に長正統《おさまさのり》をむかえて、九州大学文学部史学科に朝鮮史専攻が開設されたのは、歴史系統の専門課程（一般教育の語学などではなく）の教育研究組織としては、実に京城帝国大学朝鮮史講座廃止いらい、ほぼ三十年ぶりの復活だという。京城帝大いらいにはちょっと驚く（日本全体でですよ！）。

なぜこんなことをわざわざ書くかというと、朝鮮史学科の初代教授である長正統（当時はまだ助教授だった）が、『練習問題』と『知る本』の出現は画期的だと思うという私の感想に、破顔一笑という感じで、「そうなんですよ」と全面的に賛意を示してくれたからである。私は半分は気をよくし、しかし半分は、専門家から見てもそうなんだという意外感ももった。

当時の雰囲気を知ってもらうために付け加える。私は朝鮮史学科の歴代助手にも強い印象を受けた。初代助手の菅野裕臣《かんのひろおみ》はその頃すでに朝鮮語学の大家であり、助手在任中に朝鮮語教科書を出版したが、ぱらぱらと眺めた私は、分からないながらに、初学者に分かりやすく教えるというよりは、朝鮮語学をきわめるという姿勢で作られた教科書だと感じた。菅野は一九七七年に東京外国語大学に朝鮮語科が新設されると、教授として迎えられた。二代目助手の池川英勝《いけがわひでかつ》は韓国近代史の研究者、三代目の三枝壽勝《さえぐさとしかつ》は近代朝鮮小説の先駆的研究者である。この二人とも後に東京外語大に移る。

私はこの人たちに独得の存在感を感じていた。いずれも私より年長だったということもあるが、右に述べたような事情からアカデミズムの世界にポストがきわめて少ない中で、やりたいから研究しているのだという、学問の王道を歩む人が発するオーラのようなものを感じていたのだと思う。

これら草創期の九大朝鮮史学科に集った人々を、当時はまだ少数派であった、「北」寄りではない朝鮮研究者とまとめてしまうと、卑俗にすぎるだろうか。それなら違うことばで当時の実感を表現してみようか。私はこれらの人たちの存在に、『練習問題』に通ずる画期性があったと考えているのだ。

一九七二年に刊行された『セミナー日本と朝鮮の歴史』という本がある（井上秀雄・長正統・秋定嘉和編著、東出版）。その本の「はじめに」で長は、日本の学界ではまだ朝鮮研究を「日本研究と中国研究の間に介在する境界領域程度」にしか考えない風潮が強い中で、ようやく芽生えはじめた新しい研究姿勢にふれている。「まず研究の出発点として朝鮮語を勉強し、かの国の小説を読み、新聞を読み、論文を読む努力を身につけて研究に入っていくというタイプ」である。

出発点としてまず朝鮮語を勉強するというくだりで、いまの人は驚くだろう（一九七〇年代だぜ！）。朝鮮を研究するのに朝鮮語を勉強する？　あたりまえじゃないか。しかしかつては、朝鮮語が読めずに朝鮮問題の専門家ヅラをする人も少なくなかったのだ。

長のこの文章を読むのは今回がはじめてだが、私にはちょっと感動ものだった。かの国の小説を読み、新聞を読み、論文を読む。そう語る長は朝鮮文学研究者ではなく、中近世史の専門家である。しかし小説を読むことが最初に来て、論文は最後だ。私が『練習問題』の画期性に通ずると言ったのはこの態度のことだ。イデオロギーを離れて外国を理解するために、どのようにして実像に迫るかという切実な問題意識が、そこにはある。重要なのは思想だの精神だのではなく、このような態度なのだ。だが長のこのような表現の重要性は、すぐには理解されなかったと思う。私自身が、当時は理解していなかった。

そんな中での『練習問題』との遭遇である。この本に対する私の現在の評価（画期的であるという評価は変わらないどころか強化されている）はのちに詳しく述べるが、再読した最初の印象は、実は、あれ？　こんなだったっけ、であった。違和感の一番大きなものは、著者の文章のスタイルである。

どこでもいいのだが例を挙げる。たとえば食堂さがしだ。

「韓国ではありとあらゆるドアは開けてみるしかない。そうすれば必ず食堂にあたる。またそうしなければ食えない。／ときおり、不動産屋だったりギャングの密談するアジトだったりする。その時は微笑し、しかるのちにおもむろにドアを閉じて逃げ去る。微笑というのは、それがあいまいなものでない限り、絶対に言語よりも強い表現力を持っている」

ウィンドウの食品見本はないし、看板もメニューもハングル表記だけだが、勇を鼓して街に出て店に入り、注文を試みる。ほとんど体当たりでそこまでやってみてこそ、おかわり自由のキムチに泣いて喜ぶこともできるし、もしかしたら異文化の扉を開ける第一歩になるかもしれない。

今日と違って、韓国やソウルについての初歩的な情報もないほとんどの読者に、異文化に踏み出す背中を押したいというのは分かる。しかしそのためのガイドが、こんなにあちこちヒネりをかました文章でなければいけないのか。

初心者にはハードルが高い諧謔《かいぎゃく》を含むウンチクが鼻について、再読したとき、最初の読後感の記憶をかなり傷つけた。しかしいま三読しての感想は異なる。おそらく関川は、そのように振る舞わないと恥ずかしかったのである。著者の文章に見られる一種のテレは、ウンチク語りに陥るのを避けようとするが故のそれである。当時の情報落差を考えると、どうしてもそうなってしまうのだ。これはいまの若い人の感覚では理解できないだろう。それは関川が謙虚だからというよりは、一筋縄ではいかない「異文化」の森を、近道を探して簡単に抜けようとはしていないからである。

関川の語学へのこだわりもそれを示している。こちらの方はもっと重要だ。ハングル酔いだのなんだの、おちゃらけた言い方を含みながら、最後まで一貫している主題は何かと言えば、文字と言葉だ。この本に最初から最後まで登場する、柳順子《ユー・スンジャ》という、半ば実在、半ば想像の女性がいる。彼女はソウルのホテルのカクテル・ラウンジで働いていて、著者にジントニックを作ってくれるのだが、彼女との交渉も、言葉が両者を結び、同時に断絶させる。関川が森を抜けるのに近道をしない（できない）のは、韓国語という言語へのこだわりがそうさせるのだ。[4]

## 三　『練習問題』と周回遅れの研修旅行

読んでから実際に韓国に出かけるまで、五年かかった。つまり私は『練習問題』を読んで、本気で韓国へ行ってみたいと思うようになったのである。解けない練習問題に触発された研修旅行といったところだ。はじめての韓国旅行は一九八八年のソウルオリンピックの翌年、一九八九年の八月である。家族四人で出かけた。

夏休みの家族旅行に何を大げさなと思われるかもしれないが、私は関川のように語学の森にチャレンジなどできないヘタレなので、けっこうな研修旅行だった。オリンピックの翌年だからものみな値上がりしていると、事前にはさんざん脅されたが、行ってみた印象はそれほどでもなかった（事前を知らないのだから比較の上の結論ではない）。とはいえ、なにぶん公務員の安月給でおよそ十日の私費旅行だ。当初の予定通りのケチケチ旅行である。朝食は前日にパンと牛乳を買って、宿の部屋で食べる。ホテルはオンドル部屋で、それも近所に安い宿（荘《ジャン》）を見つけたら、残りの予約をキャンセルして宿替えしたほどだ。

旅程の半分以上は、帰省していた留学生に所々アテンドしてもらったので有り難かったが、終始べったりというわけにはいかないので、それなりの経験もした。慶州は釜山からバス移動だったので、さすがに自分たちだけで移動はできず、慶州の宿まで連れて行ってもらい、夕食は宿のフロントに覚束ない英語で聞いて、一番うまいという参鶏湯《サムゲタン》の店に行った。行ってみると地元の客ばかりで、ドアを開けると店中の視線が我々に集まった。一目で日本人と分かるのだ。増加傾向にあったとはいえ、日本人旅行者の数はその程度だった（まだビザが必要）。最初から一択の参鶏湯はその通りの発音で何とか通じた。暑かったのでビールを頼もうとしたら、ビールと言ってもビアと言っても通じない。店内のお客さんで日本語が分かるらしい人が、女店員に麦酒《メクチュ》々々と言ってくれたので、何とかありつけた。翌日も同じ店に行ったら、中年の店員が、また来たの？という感じで、あきれたように笑っていた。二日続けて行ったのは、初体験の参鶏湯が、子どもが夢中になるほどうまかったからだ。

なぜ最初が釜山なのか。飛行機のチケットが取れずに、やむなく関釜フェリーで行ったのだ。その頃の関釜フェリーは、日本製の電気釜を抱え込んだ韓国のおばちゃんでいっぱいだった（もちろん自宅用に買ったのではない）。飛行機が満席で取れなかったのは、韓国旅行の人びとで埋まっていたからではない。大韓航空の金浦《キンポ》空港（仁川《インチョン》はまだない）トランジットでハワイや欧米に行くのが、当時は最安値だったのだ。

こんないまどき流行らない「異文化体験」を披露し続けても仕方がない。ただ書き残しておきたいのは、私のはじめての韓国体験は、経済成長の奔流がもたらした大きな社会変動のただ中であったということなのだ。言うまでもないが、あらゆる社会変動は均一にではなく、濃淡や時間差をともなってまだらに進行する。そこを見ないと、過去を見る遠近法を誤る。しかも私たちが経験した社会変動は、その後さらに第二、第三の現代化の波動が続く前哨戦みたいなものだった。江南《カンナム》スタイルなど、私が書いている時代のはるかはるか後のことだ。

それらのことを断った上で、いま思い出しても意味がある体験と思える話を、二つほど書いておきたい。一つは、韓国の経済成長がフル回転に入りはじめた時代を実感した体験である。

最初の釜山では、フェリーの発着所で留学生のJ君と合流する手はずだった。ところが、どうした手違いか彼が現れない。最悪、ホテルで合流すればいいと判断して（事実そうなったが）、家族だけで街中に出た。釜山の街中でもいろいろあったのだがすべて省略して、[6] タクシーで海雲台《ヘウンデ》に向かう。行く先はカタカナ韓国語で通じた。運転手が気を利かせたつもりで、ラジオを日本の放送に変える（多くの人がご存じのように、北部九州、山口あたりの放送はかなりきれいに入る）。参ったのは、やっていたのが人生相談だったことだ。さっきの韓国歌謡曲の方がずっといいよ。

海雲台の宿は今はなき極東《クックドン》ホテルである。当時すでにアメリカ資本のホテルが林立しはじめた頃で、少しさびれはじめた老舗ホテルの風情は悪くなかった。しかしそんなことより、私は翌日の朝食風景に感じ入った。韓国人の家族連れが食事をしていた。子どもたちはハムエッグか何かを注文している中で、おばあちゃんだけが韓式の定食である。そのときのお父さんの自信に溢れた精力的な表情が忘れがたい。夏休みに家族全員を引き連れて、韓国最大のリゾート地のホテルで休暇を過ごす。ここまで来たぞという、韓国経済のオーラを背負っているような風情があった。

似たような意味で印象的だったのは、慶州の博物館で出会った家族連れである。アメリカ暮らしが長そうなお父さんが、熱を込めて子どもたちに博物館の展示の説明をしている。地元出身者の帰省と見えたのは、たまたま出会った（らしい）知り合いに奥さんを紹介していたからである。お父さんの展示解説は、アメリカ育ちの子どもたちにアイデンティティを確認してほしいという熱意の表れだったのではないか。お父さんの説明は英語だった。子どもたちが感動したかどうかはわからない。

こんな話を続けていたらきりがないが、もう一つだけ、帰国前日のソウルにふれないわけにはいかない。[7] 旅行にさける日数と懐具合からたまたまそうなっただけだが、最後のソウル泊は八月十五日だった。それまでとくに何ということもなくふつうに旅行を続けていたが、[8] はじめての韓国旅行で光復節はさすがに身構えてしまう。

結論を言えば、現地にいて感じたのは、日本と似ているということだ。メディアだけは盛り上がっているが、町に出ればふつうの休日だということである。一週間くらい前からテレビはシンポジウムや歴史ドラマが続いていた。内容は雰囲気で察するしかないが、詰め襟の制服を着た学生がデモをやっているドラマなら、李承晩《イ・スンマン》政権打倒のきっかけになったと言われる馬山《マサン》高校の話かな、程度の推測はできる。

それよりも、この年の光復節は例年と異なる要素があった。林秀卿《イム・スギョン》という大学生（女性）がベルリン経由で北朝鮮入りし、平壌《ピョンヤン》で開かれた第何回だかの世界青年学生祭典というイベントに参加していた。その彼女が八月十五日を期して、板門店経由で強行帰国すると伝えられていた。もちろん非合法であり、実際に逮捕されるのだが、そこまでの情報はリアルタイムでは得ていない。彼女の名前もフルネームで認識していたわけではなく、林さんという女性として記憶に残っただけである。

その動きに合わせてソウルでも大学生を中心にした集会があった。明洞《ミョンドン》聖堂の前で行われた集会は、近くまで行って見ることができた。途中で機動隊員にパスポートの提示を求められたが、見せたらあっさり通してくれた。もちろんそんなところに子どもを連れては行けないので、私とJ君の二人だけである。教会は道路との境に塀がないので、芝生広場の集会は素通しだ。明洞聖堂はバチカンに直結しているので機動隊も敷地内には入らないとかで、敷地の外を壁のように固めていた。

私などにとって奇異な印象をうけたのは、丸腰で楯も警棒も持たず、ヘルメットに何とGパン姿の機動隊員である。J君の説明では、あれは特攻隊であり（彼は日本語でそう表現した）、デモの中に飛び込んで学生を検挙する役割なのだという。

この原稿を書いている中で初めて知ったのだが、じつに関川夏央がこの頃平壌にいたのである。正確には八月十五日に平壌にいたわけではないが、要するに世界青年学生祭典に合わせた観光団の一人として、六月三十日に平壌に入っていたのだ。祭典が行われた七月のかなりの時期、平壌にいたはずである。

祭典そのものが、前年のソウルオリンピックの成功に苛立った金日成《キム・イルソン》が、カウンター・プロパガンダとして誘致したものであり、外国人観光団の受け入れはウェルカムだったのだろう。関川は帰国後に『朝日ジャーナル』にルポを書いている（内容は後述）。この文章を私はそのとき読んだわけではない。いま読んでみると、ずいぶん抑えて書いているように見える。それはいま読んでいるからで、そのとき読んでいたら、率直かつ辛辣《しんらつ》に書いていると思っただろう。それだけ現在とは、私を含め「北」への一般の見方が違うのである。

そのときの私は林秀卿について、ずいぶん思い切ったことをする活動家だと思ったが、さほど批判的には見ていなかったと思う。韓国語を読んだり聞いたりはできないのだからあてにはならないが、韓国のメディアの雰囲気も、スター扱いだったのではないか。日本のメディアの反応も似たようなものだったと思う。[9]

ともあれ私は、ふつうの人々のふつうの休日と、林秀卿の話題や明洞聖堂の集会を同時に見たわけである。たかが一日の観察で何が分かるかという声が、聞こえてきそうだ。しかし、盧泰愚《ノ・テウ》政権のもとで、漢江《ハンガン》の奇跡の果実は、確実に庶民レベルまで届きはじめていたと思う。八月十五日以前とその日で、買い物に寄った商店でも食事に入った飲食店でも、一目で日本人と分かる旅行者への態度は変わりなかったと記憶している。私も変わりなく振る舞った。

帰りに南大門市場でキムチを探したが見つからない。いまは知らないが当時は、市場はキムチの材料を売るところであり、出来上がったものを売る場所ではないという事実に気がつかなかった迂闊さのせいである。ようやく探し当てたのは新世界百貨店の地下である（旧三越の建物を使っている旧館だ）。片隅に真空パック？になっているものが一種類だけあった。数袋を買うと、臭いが洩れないようにという配慮で、ラグビーボール状になるまでラップでぐるぐる巻きにしてくれた。こんな親切な過剰包装にはその後も出会ったことがない。

## 四　『練習問題』とは何だったのか

ふたたび『練習問題』にもどる。結局のところ、私が画期的だと思ったことの核心は何だったのか。そして、その後の関川夏央はどうなったのか。[10]

今なら、関川夏央による探究の意味について、私なりの解釈を与えることができると思う。関川は異文化の森を簡単に抜けようとはしなかった。ショートカットを探そうとはしなかった（当時はそんなものはなかったといえばそれまでだが）。それは目の前にぼんやり見えはじめた韓国という大きな市場（逆に言えば世界市場への韓国の登場）を当て込んだものではなかった。では何かというと、青年期を終わろうとする（つまり中年一歩手前だ）一人の人間が、物書きになろうとする格闘である。

それは関川という人間の気質によるところが大きいように思える。前にも述べたような、言語への執拗なこだわりは、その核心をなしていると思う。関わる対象は、歴史的に複雑な関係をもつ韓国という隣国であり、媒介する言語は、構造が似ているようで、それだけに細部に分け入ると難しい韓国語だ。簡単に分かったことにしないという、気質に由来するであろう言語体験を介したことが、『練習問題』に独自の奥行きを与えたと思う。

この原稿を書くために再読するにあたって、関連する関川の著作を読んで気づいたことがある（遅ぇよ！）。それを気づかせたのは、『東京からきたナグネ』という本だ。[11]

**関川夏央『東京からきたナグネ』**（筑摩書房、1987年）

たとえば冒頭の「海峡をこえる前に」と題された序章のようなものは、次のようにはじまる。主人公（初期の作風から百パーセント著者とは言い切れないのだが、まあ著者としておく）は、ベッドの中で寝ている。何年もの間、「向上心」というテーマは置き忘れたままだ。一九七九年の冬である。

著者の筆では、奔流のような六〇年代のあとの、「くすんだ色した反省の七〇年代、湿った石の壁のような七〇年代」、自身の二十代にぴったりと重なった、愛することができない時代、というふうに描かれる。おまけに、「埃の積もったサイドテーブルに、誰かが忘れていったイヤリングの片方が見えた」なんて描写まである。この人の中にある文学的な気質が露出した、中途半端な私小説まがいと読んだ人は、このあたりで嫌になるかもしれない。

しかし著者はベッドから起き上がり、喫茶店で考える。生きていくためには、何かの免許、または手に職、またはパスポートのスタンプは必要ではないか。こんな描き方が連続したからといって、嫌になる必要はない。迷路から脱出するプロセスを描くレトリックであり、思考回路を正直に記述したわけではない。そのように描写するしかない気分というものがあるのだ。

かくして関川は韓国語を学び、一九七九年の十二月にソウルの空港に降り立つ。その年の秋に朴正煕大統領が暗殺されている。関川夏央の最初の韓国訪問であった。

なぜ韓国語だったのか。一番近い外国であり、言葉ができれば公共交通機関を利用できる（経費が節約できる）からである。この説明も、本当にそれが理由か、などと真面目に質問する必要はない。中年一歩手前にさしかかった、かなり面倒くさい男性（失礼）が、さまざまな感情や葛藤を抱えたまま韓国を旅したということだけ確認しておこう。旅先に持ち込まれたのは、そんな面倒くさい男性の、ナマの精神である。

違う言い方をすれば、持ち込まれたものは、あらかじめ結論が決まっているもの（イデオロギーや連帯や交流やetc. ですね）ではなかったということである。そこで発見されたものは、韓国のふつうの人々であり、彼らが好きなもの、彼らが嫌いなもの、彼らが考えていることである。

彼はそこから、韓国に戻った在日のプロ野球選手を追いかけ、『練習問題』と同じ年に『海峡を越えたホームラン』を出した[12]。このテーマの選択も、いくつかの偶然が介在しただろうが、右に述べたことの延長上にあるように思える。

その後、といっても韓国社会に目を向けたあとそれほど遅くない時期に、関川は北朝鮮にも行く。北朝鮮はそれ以外に入りようがないので、観光団の団体旅行であるが、比較的短期間に回数を重ねている。この「北」社会の観察こそは、関川の真骨頂である。たとえ「退屈な迷宮」でも、着眼によっては豊かな（楽しくはないが）知見が得られるのだ[13]。

関川は北朝鮮を観察した。そこには嫌な世界が存在した。しかし朝鮮半島は北朝鮮だけではないし、北朝鮮は単独で成り立っているわけではない。しかも、朝鮮半島の南北関係とまったく同じではないが、日本もさまざまに関わる。

日本はどのように関わるのか。先にちょっとだけふれた、林秀卿の強行帰国があった平壌の世界青年学生祭典のルポでは、一緒になった日本人訪朝団にも観察の目が向けられている[14]。関川らが合流した（させられた）交流団（自治労傘下の若い組合員）は、過密な学習的観光スケジュールをこなした夜、班ごとに壁新聞を作ってロビーに貼り出す。

「それにつけても朝鮮の街にあふれる日本独占資本の多いこと。ニッサン、トヨタ……ビールよお前もか、と驚きでした。日朝国交は未だ回復せず、人々の往来は妨げられていますが、独占資本に国境はありません」

彼らは、見ているつもりで何も見ていない。関川は言う。ニッサン、トヨタ、それらはなぜクルマが右側通行の国なのに右ハンドルなのか、なぜベンツはいくらでもあるのに大衆車はないのか、なぜ日本車には新型車がないのか、それが常識的な疑問というものではないか。

私もはじめて知ったが、トヨタ、ニッサンは在日僑胞《キョッポ》の持ち込みまたは並行輸入だから（すなわち輸出仕様ではないから）、右ハンドルだし中古車も多い。幹部は高級車に乗るからベンツが多い。大衆にはクルマは無縁な存在だから大衆車はない。

関川は、知らないことを責めているのではない。だが常識人たり得ていないこと（常識的な疑問をもたないこと）は、きびしく咎《とが》められている。ここでいう「常識」は、関川の観察の方法論でもある。その対象は韓国・朝鮮にとどまらず、日本の戦後思想を批判的に考察する方法でもあると思う。[15]

そのような常識的思考から見た北朝鮮は、「退屈」なだけではない、「いやな」世界である。それは韓国のみならず、日本も、中国も、いや世界を巻き込んでしまう。北朝鮮にとって、問題を暴かれることは困るが（というか困りはしないがマズい）、かといって見ぬ振りをされて世界から忘れられても困るのである。そのような事態は、前世紀末から加速したように思われる。独裁的指導者の世代交代が続いたからである。

関川が金正日《キム・ジョンイル》について書くところによれば、世界は「金正日が「何をいっても無駄な男」であり、北朝鮮には政権維持の執念以外に、外交も内政も何もない」ことを認識していた。[16]この見方に賛成しないのは、現在ではごく一部の人間だろう。だが世界だけでなく、北朝鮮当局も認識していた疑いがあるという。彼らは「重大事に金正日をコミットさせてはまずい」と判断していたのではないか。[17]金正日ははじめ一部に誤認されていたような、話せば分かるなかなかの実力者などではないというわけだ。「何をいっても無駄」は、決断力も政治力も持ち合わせない、ほぼ無能と同義ではないか。

私が面白いと思ったのは、金正日は独裁者ですらない、「金正日が軍を掌握したのではなく、金正日が軍に掌握された可能性」があるのではないかという指摘だ。私はこれを読んで、はたと納得するところがあった。二代目ではなく現在の三代目についてである。金正恩《キム・ジョンウン》の発言を一言も聞き漏らすまいという風情で、高位高官に至るまで、その場のすべての人間が一人残らずメモを取るあの映像である。私にはこの映像が不思議でしかたがなかった。北朝鮮の指導者は一人残らず、ただ金正恩の顔色をうかがうだけの存在なのか。それで体制が保つのか。

だが関川が引く田中明の見解を延長してみれば、この映像は本当に金正恩の独裁を示すものなのかと問うことも可能である。これは金正恩が指導部を掌握したのではなく、二代目の時代に形成された、指導部が将軍様を掌握するシステムの、より完成された様式ではないのか。長い「内政不在」（経済政策も方針もない）のあいだに溶解した北朝鮮社会の上に、だれも責任を取ることのない指導部、責任を取らないですませるシステムが出来上がっているのではないか。みんなで担げば怖くない？　みんなに担がれれば怖くない？

私は長い間、北朝鮮の外交カードというものも不思議で仕方がなかった。何も持ち合わせていない者の外交カード？　それはほとんどジョークだが、しかし時に持ち合わせていない側が強いのだ。北朝鮮の無責任の体系は、対外関係と組み合わさって鞏固《きょうこ》に持続する。全員が一斉にメモをとる姿、それを対外的にも公開することは、この相手にまともなことを言っても無駄だと思わせるための、内政不在の無責任の体系を持続させるためのおまじないかもしれない。

関川は言う。そこではすべて「他人のせい」であり、「責任」という考え方はみじんもない。同時に関川は、それがコリア文化の特質だとは信じたくない、しかし北朝鮮も、歪んではいるが「コリア文化の産物にほかならない」のだという。

関川は『東京からきたナグネ』の中で、自身を「韓国を憎みも嫌いもせず、かといって偏愛も判官びいきもしたくない日本人」と表現した(「東海岸」一六九頁)。これはじつのところ難しい立ち位置である。関川はそのような態度で、しかも積極的に関わっているからだ。そしてその地点を保持するのは難しい。深い実体験と、それと格闘する考察が伴わなければ保持できないからである。

そのような姿勢の行き着いた右のような北朝鮮観は、出発点の『練習問題』から、ずいぶん遠くまで来たことを示すだろうか。だがそもそも、そのような態度を保持しつつ関わり続けるのは意味があるのだろうか。韓国・朝鮮に関わり続けることの内部から、新しい意味は発見できるのか。関川がそう考えたかどうかは知らないが、その後の関川の思考は日本の近代へ、あるいは自らが生きてきた戦後の日本へと向かう。今度もまた、文学を介してである。

『練習問題』のあと、多くの出来事があり、世界は信じがたいような変動を見せた。

韓国ではソウルオリンピックがあり、その翌年の東欧革命とソ連の解体、アジアでは天安門事件、日本のバブル崩壊、二〇〇〇年平壌の南北首脳会談、日韓ワールドカップ、韓流ブーム、中国の経済・軍事大国化、二〇一八年の板門店南北首脳会談、さかのぼれば北朝鮮による日本人拉致問題、小泉訪朝と一部の拉致被害者の帰国、等々。

あたりまえの話だが、常識的な疑問をもって物事を観察することは、ただの出発点に過ぎない。世界はまだまだ「いやなもの」かもしれないが、考え続けることは、無意味ではない。つまらなくもない。

## 小括――『練習問題』以後

韓国のふつうの人々に接し、観察したのは、別に関川夏央がはじめてではない。亡くなったある韓国研究者が話してくれたことがある。彼は一九七〇年代に韓国に留学していた。その頃明洞の古本屋？の店頭では、若い女性が古雑誌の『ａｎ・ａｎ』（筆記体じゃないと感じが出ない）に群がっていたという。おそらく書籍として正規に持ち込まれたものではないのだろう。なるほど、一九九八年の日韓共同宣言によって、金大中大統領が日本の大衆文化の解禁を発表する以前でも、その手があったのか。

こんな話こそが、韓国の若者の皮膚感覚を伝えてくれるはずだ。でも書いてくれなきゃわからないじゃないか。七〇年代には人権と連帯しかテーマはなかったから、誰もそんなことは書かなかった。古本の『ａｎ・ａｎ』にテーマを見つける人がいなかったのだ。私がこのエピソードを知ったのは世紀が変わってからだ。そして日本の研究者があわててふつうの人びとの分析をはじめたのは、「冬のソナタ」が火を付けた韓流ブームを見てからである。[18] それらの分析の特徴は、長年の韓国研究者によるものは少なく、多くが社会学者、文化研究者によるものだったことだ。そしてそこでは、『練習問題』はほとんど参照されなかった。

『ソウルの練習問題』から韓流分析の登場までのおよそ二十年、その間にメディアに飛び交う言説にどのような変化が生じたか（生じなかったか）を確かめるのは難しくないだろう。しかし多くの研究やメディア言説は、不特定多数の人間の内側で生じていた変化が何だったのかを測定していないのではないか。

二〇〇二年の日韓ワールドカップ共同開催が画期的だったのは、ソウルのパブリックビューイングで日本の敗戦に拍手する人びとの姿を通して、韓国一般大衆の心性の一面をはじめてあからさまにしたからだ。日本の大手メディアの多くは、最初はそれすらも見ぬ振りをしようとした。最初に騒ぎ出したのはインターネットの世界の住人だが、それはやがて嫌韓という大きな塊を生み出す。

関川の言い方を真似ていえば、メディアとはそのようなものなのであり[19]、ワールドカップの後で嫌韓が表面化していくのは、それが商売になりはじめたからである。しかし研究者や物書きは違うはずだ。

『練習問題』が登場してから、もう四十年近くになる。すでに見たように、その間の世界の変容ぶりは、要約不可能なほどだ。東アジア世界に限っていえば、中国の巨大な存在感がその中心にあることは言うまでもない。日本の戦後思想は、中華人民共和国の成立と発展を歴史の必然とするアジア像を描いてきた。その展望は、言葉尻では当たっていたが、実際に形になった姿は、すべての予想を裏切ったのではないか。近年の若手研究者には責任はないが、私のような年代の人間には、自らが育ったパラダイムの大外れとして考えるべき問題だと思う。平然と構えているが、そこに自身が慌てふためく姿が写っていないのはおかしいとも言える。

考えようによっては、小修正の機会は何度もあり、実践もされてきたのだろう。しかし時代の枠組みに首まで浸かっている人間には、物事を考えるときに常識を働かせるということすら難しいのだ。戦後思想のパラダイムの中では、世界を写す鏡が歪んでいた。それを正そうとしたのはもちろん関川一人ではない。しかし『練習問題』は立派な里程標の一つだと思う。そして、私たちは誰もが、自分で「練習問題」を作らなければならないのだ。

【註】

1　関川夏央はすでに『練習問題』の中でそのような解釈に疑義を呈している。関川がより説得力があると推す理解は、急激な高度成長の中で、人口の割には巨大な田舎でこれといった産業のない釜山から、蔚山、浦項などの工場団地や製鉄所に流出していった若年労働者に呼びかける歌だという説だ（八五頁）。もう少し後に出た『東京からきたナグネ——韓国的80年代誌』（筑摩書房、一九八七年）では、この曲が成立した一九七〇年頃に在日の人びとに帰れと呼びかけるのは、韓国人の在日同胞への心情にそぐわないと、より深く論究している（「「釜山港」のリアリズム」）。一九六〇年代からすでに存在した、日本の演歌の韓国起源説も同様に根拠不明と言うべきだろう。平岡正明などは古賀政男の朝鮮体験を引き合いに出して影響を論じたが、演歌の起源になるような韓国の歌謡は当時存在しなかったと思う。

2　公平を期すために我が身を振り返っておく。一九六五年に大学に入学した私にとって、一年生の比較的早い時期に参加したデモは、日韓条約反対のデモである。そのとき私は日韓基本条約の条文について一条たりとも読んでいなかった。中味を知らずに反対するのかというごもっともな批判に対して、当時の私のアタマの中を説明するなら、中身を読まなければ反対できないという考え方自体が、すでに体制に組み込まれた思考なのである。

3　吉田光男「日本における韓国中近世史研究教育基盤――大学・学会・研究工具」(『日韓歴史共同研究第一期報告書　第2分科（中近世）』第一部「日本側報告」第3篇「補論」、日韓文化交流基金、二〇一〇年)。なお「この論文は共同研究による討議を経ていないものである」との頭注がある。

4　関川の偏執的とも見える言葉へのこだわりは、一部の若い人をうんざりさせたらしい。店の看板が読めないからといって大騒ぎするのが理解できないという類の発言が飛び交う書評座談会みたいなものを読んだことがある。今回出典を探したのだが、見つけることができなかった。私はそのような見方を一概に否定する気はないが、それが何ものかを生み出すと考えるほど楽観的でもない。

5　旅程の途中で二日ほど(?)車の運転をしてもらったが、そのうち一日は、留学生のJ君（いまは日本の大学の教授だ）が若い戦友を連れてきた。戦友氏の自家用車付きである。私のところに来ていた韓国からの留学生は、いずれも兵役を済ませていた。J君の方が年長なので、韓国社会の慣習的に、そのくらいの無理は利いたのだろう。暑いさなかにクーラーがほとんど効かなかったので、J君が「クーラーじゃなくオンドルじゃないか」とからかっていたのを思い出す。もちろん韓国語のやりとりだが、オンドルという言葉が聞き取れたのと、戦友氏が吹き出したので推測したのだ。

6　一つだけ。釜山の地下鉄の自動券売機には子ども用の押しボタンがなかった。困惑しきって、通りすがりの人に英語とボディランゲージで必死に尋ねると大笑いして、「アンコ、アンコ」と言う。身ぶりを交えた説明を解読すると、大人の間にはさんで通っちまえということらしい。よく観察すると、おばあちゃんが切符を通さず、自動改札機のバーの下をするりとくぐり抜けていた。当方はそんな度胸はないから、駅員に食い下がって子ども用の切符を買った。

7　ちなみに全体の旅程は、釜山・慶州・ソウル・扶余・広州（ソウルからの日帰り）・ソウルである。

8　まあパゴダ公園で有名な解説オジサン（有名人であることは後日知った）による、公園を取りまくレリーフの押しつけ解説くらいはあった。三・一万歳事件の弾圧レリーフである。日本人と見て、ここがどういう場所かご存じですかと話しかけられたとき、正直に申し上げると知らなかった。初の韓国旅行なのだ、そのくらい大目に見てほしい。私は子どもたちに聞かせようと思って（身代わりに差し出したわけじゃありません、本当にそう思ったのです）、教えていただきなさいと前に出した。オジサンは丁寧に説明してくれた様子だったし、子どもたちは素直に耳を傾けていた。

9　さすがに当時もリアルな情報を伝えるジャーナリストはいたことを後で知った。たとえば黒田勝弘だ（「「北」ももて余した林秀卿の「統一願望」」『諸君！』一九八九年十月号）。黒田によれば、「北」を支持する韓国の大学生が非合法に平壌入りすることは、金日成政権にとって格好の宣伝材料だが、板門店からの逆越境は彼らにも好ましいものではなかった。林秀卿はハンストまでして強引に押し切り、最後は持て余した北当局が実質黙認の形で送り出したのだという。しかも黒田はこの話を、「北」の新聞記者から聞いているのだ。他の日本人ジャーナリストは何をしていたのだろう。

黒田によれば、林秀卿のケースは、亡命以外では史上初の、南北合意なしの越境だという。黒田はその背景にあった韓国社会における金日成シンドローム（盧泰愚大統領の南北首脳会談構想をはじめ、みんなが金日成に会いたいと言っている）について、リアルに伝えている。

10　本稿は関川夏央論を意図したものではない。したがって、文学関連の業績にはふれない。関川には最初から文学に傾斜しようとする傾向があるので、截然と分けることはできないし、明治・大正・昭和の文学を通じて時代を論じた仕事は興味を引かれるのだが、ここでは積極的にはふれない。また昭和三十年代を論じた著作は、この本の主題と重なるところがあるので、渡り合いたい気持ちは山々だが、それも同じ理由（関川夏央論ではない）で、後日を期したい。

11　前掲関川『東京からきたナグネ』。ナグネは旅人、旅行者。

12　関川夏央『海峡を越えたホームラン――祖国という名の異文化』（双葉社、一九八四年）。中心的に取りあげられている張明夫〔チャン・ミョンブ〕のことを、古いプロ野球ファンなら松原で覚えているか、それとも福士だろうか。関川は『東京からきたナグネ』の中で、一九八三年の春から韓国プロ野球と「研究的なつきあい」をはじめる、と書いている（「海峡をこえる前に」二二頁）。この「研究的なつきあい」という言い方が私は好きだ。

13　関川夏央『退屈な迷宮――「北朝鮮」とは何だったのか』（新潮社、一九九二年）。これは関川の代表作の一つだと思う。そう思う理由の過半は、タイトルの卓抜さである。異文化という他者理解は、どこに着眼し、どう思考したかである。

14　関川夏央「平壌で青年学生祭典を見た――常識的朝鮮観のすすめ」（『朝日ジャーナル』一九八九年八月四日）。

15　常識という言葉で私が思い浮かべるコリア・ウォッチャーは、先に引いた黒田勝弘である。私はときどき黒田の文章を、物差しのように読むことがある。自分の理解を相対化するためだ。
　黒田は韓国のメディアから「妄言記者」のレッテルを貼られているそうである。しかしそんなレッテルが貼りついている割には、韓国のメディアの世界に居場所を得ているように思える。素人の私の見るところなのであてにはならないが、それなりの形で受け入れられているのではないか。黒田は韓国の政治や文化に対して、忖度なしにおかしいことはおかしいと言う。それはしかし、韓国社会に対する深い関心にもとづくものである。少なくともそこに、あらかじめの悪意はない。そのことが、長年の特派員生活を通して、韓国のメディアにも伝わっているのではないか。

16　関川夏央「金正日の人となりと「責任」ということ」『「世界」とはいやなものである――極東発、世紀をまたぐ視線』(日本放送出版協会、二〇〇三年)。

17 これは同書が引く、田中明の見解である。

18 インターネット検索で知ったのだが、第四次ブームというのまであって、いまはその後?らしい(間違っていても知りませんよ)。現在の韓国映画やKポップなどはもはや韓流とは言わないのだろう。

19 関川は一九九五年に観光団の一員として平壌を訪れた日本人某氏(匿名)のインタビューをしている。このインタビューは『現代コリア』編集長の西岡力と二人で行っている。その中で西岡は、「ニュースステーション」の小宮悦子の平壌中継が、先方(「北」)が用意した談話者の言うことをそのまま伝えるヤラセに等しい映像であり、この社会はおかしいというコメントを出していないと批判した。それに対して関川は、所詮タダで見られる、限りなく大衆的なメディア(テレビ)にそんなことを求めるのはお門違いであり、間違いだと批判している(「劇場都市・平壌を訪れて」『現代コリア』一九九五年六月号)。

第六章

# 高度消費社会は「戦後」か?

## ——自動車をめぐるフォークロア

辻豊・土崎一
『ロンドン—東京5万キロ——国産車ドライブ記』(一九五七年)
徳大寺有恒『間違いだらけのクルマ選び』(一九七六年)

【書誌】

○『間違いだらけのクルマ選び――良いクルマを買うための57章+全車種徹底批評』(草思社、一九七六年十一月十五日)。翌年版が『続・間違いだらけのクルマ選び――正しい乗り方選び方57章+全新車徹底批評』(一九七七年十月二十八日)、その翌年から○○年版と銘打ったものが前年の十一月か十二月に刊行されるようになった。二〇〇〇年版からは増え続ける新車発売に対応して、上期版・下期版(後に冬版・夏版)の年二回刊行となり、二〇〇六年一月刊行版が「最終版」となった。ただしその後、島下泰久との共著として復活し、二〇一一年から二〇一五年までの各年版が前年末に刊行され、徳大寺の死去後は島下泰久の単著として刊行が続いている。

○辻豊・土崎一『ロンドン―東京5万キロ――国産車ドライブ記』(朝日新聞社、一九五七年五月十日)。定価二百八十円。小学校六年生の私が買ったのは八月三十日付の二〇版(!)である。

もちろん本文テキストは辻、写真が土崎である。各地の写真が本文と並んで見どころだったのはいうまでもない。表紙カバー(ダンケルクの街のトヨペット)と口絵(「ユーゴの牧夫」)はカラー。他はモノクロ。ロンドンでのトヨペットの荷ほどきにはじまり、東京朝日新聞本社にゴールインしたクラウンの屋根に立って歓迎に応える二人の姿で終わる写真は、アート紙の写真頁7か所にまとめられている。紙質のよくない本文頁に印刷したのでは不鮮明になるからだろう。

## 一　『間違いだらけのクルマ選び』という鏡

私事になるが、一昨年、ついにクルマを手放した。ついになどと大げさかもしれないが、しかし私のようにとりたててクルマに関心があったわけでもなければ、三十歳になるまで運転免許の取得を考えたこともなかった人間が、四十五年の長きにわたってクルマを所有し、それを運転し続けたということ自体、私自身にとって予想だにしなかったことなのだ。いや、私的な感慨を超えて、少なくとも一九六〇年代まで、多くの日本人がまったく想定していなかった事態だと思う。それがいつの間にか、ほとんどの家庭にクルマがあることがあたりまえの社会になり、さらにクルマが単なる道具ではなく所有者の価値観を象徴する記号となり、そこからもう一サイクルも二サイクルも舞台が回って、気がつけば多くの若者がクルマを所有することに、いやクルマという存在そのものに興味を持たなくなって久しい時代である。

その変転を眺めることは、日本の戦後史の中で、目のくらむような断崖から足もとを見おろすような事態であるはずなのだが、いまやそんな表現も鼻白むほど誰も何とも思わなくなっている。そのことについて考えてみたい。そこで私が見ようとしているのは、百年単位の産業構造の大転換そのものではなく、その時々に消費者が示してきたふるまいの姿である。そこに着目することで、「自動車」を通して戦後日本を考えるという行為が成り立つのではないか。

　そんなことを考える契機となったのが、徳大寺《とくだいじ》有恒《ありつね》の『間違いだらけのクルマ選び』（以下シリーズ全体を『間違いだらけ』と略す）という本である。私が最初にクルマを買うにあたって参考にした本だ。今でも持っているのは、発売翌年の一九七七年一月刊行の八刷である。初刷は一九七六年十一月、発売二か月で八刷だから、まったく無名のライターの刊行物としては大変な売れ方だ。覆面著者（徳大寺はペンネーム）にはそれ以前に本名（杉江《すぎえ》博愛《ひろよし》）による執筆活動もあったのだが、覆面を脱いで名乗りをあげるまでは杉江の周囲の人も知らなかったのではないか。突如現れた無名のライターが一躍ベストセラー作家になったのである。以後、二〇〇六年一月に刊行された最終版まで、一年も休まず刊行され続けた。かくして『間違いだらけ』は、版元も著者も読者も、誰も想像しなかった社会現象となるのである。

　今回『間違いだらけ』を取りあげるのは、それが産業構造の大転換と消費者のふるまいの変化の双方と浮沈をともにしたからであるが、それだけではない。私の場合、はじめは単なるバイヤーズガイドとして、評判になっているというだけの理由で買ったのが、その後もほぼ毎年のように購入して読み続けた。[1] 気がつけば続けて読んでいたという方が正確かもしれない。ちなみに私は一台のクルマにかなり長く乗った方だ。四十五年間で四台しか購入していない。だから買い物ガイドとしてなら毎年は必要ない。何が面白くて読み続けたのか、あらためて確認してみたいと思うのだ。

『間違いだらけ』の登場は衝撃的に受けとめられた。そのことについてはすでに多く語られている。メディアや読者は、トヨタ、日産を切って捨てる歯に衣着せぬ論評に驚いた。具体的な車種を名指しての、ほとんどこき下ろしのような批評は当時の自動車雑誌などには見られない辛辣なものだった。いまさらのようだが二、三引いてみる。

世界の自動車メーカーの中で、「これほど罪深いメーカーもまた数少ないのではあるまいか」と言われたのはトヨタである。「ユーザーの無知と虚栄心につけ込んで、日本のクルマを、くだらないアクセサリーで飾りたてた見てくれ本位にしてしまった」のがトヨタだという。そのトヨタの旗艦ともいうべきクラウン評を見ると、一応推奨グレードは挙げてあるが（スーパーデラックス以上にすべき）、それも「万が一こんなクルマを買うんなら」という前提つきだ。日産のバイオレットに至っては、「どうしてこんなクルマをつくったのか理解に苦しむばかり」だが、それでも「見捨てず買ってくれるユーザーがいるというのだから、ただただ感心するばかり」といった調子だ。

もちろんすぐれた日本車に対する高い評価もあるのだが、はじめて読んだ読者は全編右のような調子という印象を受けたのではないか。私もそのあたりを面白く読んだ。だがそれだけで、初刷一万二千部で出版された本が、年明け早々に四十万部をこえるベストセラーになるだろうか。[2]

『間違いだらけ』は当時の自動車をめぐるメディアとして、まったく新しい内容を持って登場した。当時の一般向けの自動車雑誌は、マニアや、そこまでではなくても自動車好きをターゲットにしたものがほとんどだった。誌面では、やれ加速性能がどうの、ハンドリングがどうのといった話題が中心だったように思う。もちろん『間違いだらけ』も性能やメカニズムを問題にしていないわけではない。それどころか、自動車マニアではない一般読者向けとしては、かなり突っ込んだ解説をしている。そもそも著者徳大寺は根っからの自動車好きであり、かつてはカーレース草創期を飾ったレーシングドライバーの一人である。

しかし徳大寺が中心にすえた主題は、当時の自動車メディアの中では異彩を放っていた。最初の『間違いだらけ』の序文は、その主題を端的に次のように書いている。

「日本になぜヨーロッパの小型大衆車のように実用一点ばりのクルマができないのだろうか。これが筆者の一貫した疑問であった」

同時に、徳大寺はそうなった要因をメーカーにのみ求めてはいない。責任の半分はユーザーの側にある。アクセサリーがごちゃごちゃ付いて、スタイル優先のクルマを望んだのはユーザーである。「計画された陳腐化」に乗せられてクルマを買い換えるのは、メーカーとユーザーの共犯関係を示している（共依存の方が適当かもしれない）。

いずれにしても、徳大寺がマニアの視点ではなく、家族で利用する車として必要な機能とスペースと経済性を評価の中心にすえたことは、とても新鮮だった。そのような最初の印象からはじまって、やがて私がこのシリーズに少しずつ関心を深めていくようになったのは、例えば次のような点に着目したからである。

トヨタのプリウスがいわゆるハイブリッドカーの先陣を切って登場したとき、それは所有者が環境に意識を配るライフスタイルの持ち主であるという記号として機能した。しかし徳大寺は、そのようなクルマはマスとして存在しなければ、つまり一番売れる大衆的なボリュームゾーンで存在しなければ意味がないという至極まっとうな見解を、しかも早い段階で示していた。

もちろん徳大寺が先進的な思想の持ち主だったと言いたくて、こんなことを書いているのではない。徳大寺の予測を超えたのかどうか、やがてプリウスは最も売れるクルマになった。そしてそれをもたらしたのは、トヨタのマーケティングである。これは逆説なのかそうではないのか。そのように考えると、私がそこに「現在」を考えるための視点の一つを得たと思っても、あながち間違いとは言えないのではないか。

もう一つ忘れてはいけないのは、マスに寄り添った視点をもちながら、この本が徳大寺有恒という稀代のクルマ好きによって書かれたということだ。家業の関係もあって小さいときからクルマが身近にあり、高校生で免許を取る以前から無免許で乗り回し、市販車でダートコースを走る草創期の日本グランプリに出場し、これも草創期のラリーで優勝経験をもつクルマ好きの徳大寺が書いたのである。あるいは、設計思想やユーティリティから、フォルクスワーゲンのゴルフを一貫して普通のユーザーにとってあるべきスタンダードとしながら、他方でバカ高いけれど官能的な（その辺は私には分からないが）ヨーロッパの高級車を愛し続けた徳大寺が書いたのである。それがこの本に奥行きを与え、魅力をもたらしているのである。

## 二　自動車幼時体験——オースチンとヒルマン

本題に入るまえに、戦後ある時期までの日本の庶民にとって、自動車[3]というものがどのような存在であったかについて確かめておきたい。それはとくに難しい作業ではない。日本の敗戦の年に生まれた私のような存在にとって、自身の経験をたどることをもって、自動車とは何であったかを考えることに代えても、さほど大きな問題は生じないと思う。それに私の場合、置かれた環境からする個別の事情が、自動車史の概説を読めば分かるような一般化を多少なりとも薄めてくれるはずだ。

子どもの私が、主として自動車が通る道路（要するに片側二車線の舗装道路だ）をはじめて体験したのは、小学校に入学して数か月で東京に引っ越してからである。一九五二年の夏休み前だった。父の転職先の住環境がまだ整っておらず、ごく短期間だが最初に寝泊まりしたのは、目黒通りに面した社長の自宅の二階であった。転入した目黒区立鷹番《たかばん》小学校に通うには、目黒通りを一人で渡らなければならない。最初に学校に連れて行くとき父が教えたのは次のようなことだ。道路の真ん中まではは右側だけ見て行けばいい（そちらからしか自動車は来ない）、真ん中を過ぎたら左側だけ見ればいい。

私はこの注意が飲み込めなかった。上京前に住んでいた鹿児島では、市内とはいえ子どもの日常の行動範囲に、中央線を境に自動車の走る方向が違うような道路はなかった。飲み込めないのはあたりまえである。私は父の指導にもかかわらず、キョロキョロ左右を見ながら道路を横断した。それでも昨日まで鹿児島にいた小学校一年生が、翌日から一人で目黒通りの信号も横断歩道もない場所を渡れたのは、もちろんそれだけ自動車の数が少なかったからである。

やがて原宿に住む母方の伯父の家に挨拶に行くようになると、もう一つ注意が加わった。伯父の家は表参道沿いの同潤会アパート（いま安藤忠雄設計という表参道ヒルズが建っている）の裏手にあった。表参道を歩きながらの父の注意は、「ここは進駐軍の連中が飛ばすから気をつけろ」であった。そのときはなぜ進駐軍なのか分からなかったが、もちろん表参道の先にはワシントンハイツ（現代々木公園）があったからである。やがて偶《たま》に目撃する進駐軍のクルマ（ジープではなく乗用車）は、路面の凸凹を吸収してタイヤだけがボコボコと上下し、車体は水平にスーッと走っていく（ように見えた）。なぜそうなるのか理由は分からなかったが、何かすごくカッコいいものを見ている気がしたのは覚えている。

それ以外に道路を走る自動車の姿はほとんど記憶に残っていない。自宅付近の細い道路をぬっていくオート三輪の記憶ばかりである。

しかし間もなく、小学校三、四年の頃だったと思う、風景の中で見るだけだった自動車に自分が何度も乗れることになる。父の会社の社長が自家用車を購入したのである。社長は短期間のうちに二台所有するようになったと思う。私の記憶では、オースチンとヒルマンである。

この人はたたき上げの強引さでのし上がったような人で、数年後のストライキでは「ボーナス三百円とは何だ！」（嘘のようだが本当だ）というビラを貼られたくらいだが、敷地内に住んでいた職員の子どもは可愛がってくれた（社長の自宅は会社の事務棟の二階に引っ越していた）。おかげで子どもたちは、社長の自家用車に何度も乗せてもらう恩恵に浴したのである。その頃社長は鉄砲撃ちに凝っていたので、狭山《さやま》の射撃場に連れて行かれたこともあった。一九五〇年代にクレー射撃の実際を見た小学生なんて、あまりいなかったのではないか。

オースチンとヒルマンについて少し記したい。それらは手で触れられる実体としてはじめて覚えた外国車の名前である。ちなみに、すぐに追いかけて目に親しんだのはルノーだ。フォルクスワーゲンのビートルと同じリアエンジン車で、通気のための背中のスリットが印象に残っている。タクシーに使われたので、そこら中を走っていた。当時は知らなかったが、４ＣＶという型式のやつだ。ダッジだのキャデラックだのというアメリカ車も大人の会話に出てきたが、それらは見たこともないのだからただの言葉に過ぎない。

で、オースチンとヒルマンである。どちらもイギリス車で、私が小学校低学年の頃には前者が日産、後者はいすゞ自動車によるライセンス生産がはじまっていた（ルノーは日野自動車）。記憶の中のイメージでは、オースチンは角張っていて、ヒルマンの方が柔らかなラインだったはずだが、いま写真で確認するとそれほど対照的には見えない。そのうちのどちらか、おそらくいすゞ自動車だと思うが、小学校で工場見学に連れて行かれたことがある。

ライセンス生産だのノックダウンなどという言葉はもちろん知らなかったが、実態はおぼろげに理解していたと思う。何となくだが、工場見学は自動車という先端的な工業生産の目で見る教育というよりは、結果として、日本の自動車産業の後進性についての実物教育になっていたように思う。小学生とはいえ、日本はまだすべてを自前ではやれないんだという漠とした感想を抱いた子は、少なからずいたのではないか。

それはそれとして、他人の所有物だがはじめて身近にあった自家用乗用車について、もう一つ付け加えておきたい。オースチン、ヒルマンのどちらか覚えていないが、はじめて会社の玄関に停められていたときのちょっとした騒ぎについてである。工場の引けどきになると、会社の従業員や出入りの職人さん、私たちのような子どもの野次馬が取り囲んで、クルマの周りはそれなりの人だかりになった。見物に行って寮に引き揚げてきた工員さんの一人に、私の母が、社長の新しいクルマはどうだったか聞いたものである。答えは、「いや、自動車はやっぱり黒がいい」というものだった。社長の新車はけっこうシックな薄めのカラーリングで、黒ではなかったのだ。

私の中で何がフックになったのか分からないが、「やっぱり黒がいい」ははっきり覚えている。Fさんという工員さんの顔まで思い浮かぶくらいだから、間違いない。Fさんは写真に興味があり、工員さんたちの中で最初に二眼レフのカメラを買い、撮影会のようなところにも出かけていた。私はこの人に、高校時代の友人に会うというので、大岡山の東京工業大学に連れて行かれたことがある。Fさんは私の父のつてでリクルートされた多くの工員さんと同様に、鹿児島の高校を卒業して父の会社に就職した。後になってから私は、Fさんは大学に行きたかったんだろうなと思った。

そんな人が、自分たちの到底手の届かない存在（当時は）である自動車の色について「黒がいい」と断じるのは、どんな価値観からなのだろうか。どうでもいいと言えばどうでもいい話である。しかし私はそんなところから、あの時代の日本の庶民と自動車の距離を測ってみたい気がする。

はるか後年、ほとんどの庶民に手が届くようになった日本車は、没個性的な白だらけになって徳大寺有恒から批判を浴びることになる（『間違いだらけ』一九八六年版）。敗戦から十年経った頃の黒と、バブルに突入した頃の白。この黒白問題には、何か大事なことが含まれているのではなかろうか。

評論家であろうとマニアであろうと、あるいは私のようにそのどちらでもない人間でも、クルマを論じるとどこかに文明論的な臭気がただよう。厭なものだが、それはそれで構わない。しかし私が考えようとしていることとは少しズレる。黒白問題は、重要なのは文明論ではなく、クルマを買う日本人の無意識であることを示しているように思える。黒白問題は些細なことかもしれないし、事実いまやどこかに消えてしまっている。しかし人はそんなところから、都市の民俗に錘鉛《すいえん》を下ろすように、クルマという存在について考えるべきではないかと思う。

## 三　ロンドン―東京5万キロドライブ
### ――国産車の冒険とプチ・ナショナリズム

本題に入る前にもう一つ補助線を引いておきたい。戦後日本の自動車文化を考える上で最もシンボリックな車種といえば、トヨタのクラウンだろう。『間違いだらけ』におけるクラウン批判は、一面でこのクルマの歴史的な重要性の反映でもある。「いつかはクラウン」という、本当に恥ずかしい、しかしそれだけ成功したコピーが示すブランディングは、他のどのような車種にも当てはまらない。このコピーもやがて陳腐化するのだが、そのことが示すのは、トヨタが得意とした、そして徳大寺有恒が批判してやまなかった、数年で買い替えを促す計算された陳腐化とは少し違う問題だと思う。クラウンという記号がどのように創られたかは、結構複雑な問題であるだろう。

私の考えでは、クラウンの名を高からしめる上で、無視できない役割を果たしたのは朝日新聞社である。朝日新聞社の、というより朝日の一海外特派員が思いついた企画、ロンドン―東京五万キロドライブがそれである。

この企画は、朝日新聞記者とカメラマンがロンドンから東京までを国産車でドライブ旅行し、行く先々の見聞を紙上に連載するというものである。いまの若い人は何ということはない旅行じゃないかと思うだろうが、一九五六年の企画である。外貨持ち出し制限があり、ビザ無しで行ける国などない時代である（ビザを発給してもらう手続きだけで大変だ）。個人の海外渡航などまず不可能な中で、西ヨーロッパだけならいざ知らず、アラブや中東、東南アジアなどのきわめて情報の少ない、自動車で進めるかどうかわからない地域も含めて、国産車で走破しようという企画は掛け値なしに大胆なものであった。当時小学校五年生だった私も、素直にすごいと思ったものだ。

何といってもこの企画の目玉は「国産車」である。発売されたばかりのトヨペット・クラウン・デラックスだ。トヨタのクラウンがはじめて登場したのは一九五五年である。ロンドン―東京に使われたデラックスはその二代目だ。数字の8を横倒しにして左右に引き延ばしたみたいなラジエターグリルが印象的で、その後しばらくはトヨペット・クラウンのアイコニックな顔だったと思う。

後に『間違いだらけ』でダメな日本車の代表格にあげられたクラウンも、徳大寺のクルマ体験の原点みたいな存在だったのが面白い。徳大寺の父親は水戸でタクシー会社を経営していた。その徳大寺の父が営業用にクラウンを購入したのである。徳大寺の回想[4]によれば、トヨタのクラウン開発には二つの大きな特徴があった。一つは外国メーカーと提携せず、自力開発をめざしたこと、もう一つは、最初から乗用車として開発したことである。後者は、マイカー需要など微々たるものでしかなかった当時の自動車市場で、タクシー需要をあてにしなかったということである（タクシー業者に売るのは同時に発売されたマスターという車種）。

ところが、クラウンは良くできたクルマだったらしく（当時の日本車としては）、トヨタの意に反して、客のウケがいいということでタクシー車両として使われるようになった。そこで差別化をはかって投入されたのがデラックスだったということらしい。留意すべきは、当時の日本車としてはよくできているということの意味合いだ。徳大寺が言う「それまでの国産車の一〇倍ぐらい進歩したクルマ」とはどんなものか。たとえば踏めばちゃんと効く（笑っちゃいけない）油圧ブレーキ。それまでの国産車は、ブレーキを踏んで八十メートルくらいはまったく止まらないという「恐るべきシロモノ」だったらしい。ちょっと誇張があるような気もするし、後にレーサーとなるような徳大寺がぶっとばしたときの話じゃないかとも思う。しかし同時に、舗装していない砂利道だらけという当時の道路事情で、下手にブレーキが利くと「スピンして側溝に落ちるのが関の山」という記述を見ると、「恐るべきシロモノ」もまったくの誇張とも思えない。

徳大寺は初代クラウンではじめて時速百キロを出したそうだ。茨城県を走る国道六号線の東海村の近くに素晴らしい舗装道路の区間があったらしい。そこで百キロに挑戦したのだ。百キロで運転するとは、「挑戦」だったのである。千五百ccのクラウンは七十キロくらいまでは行くが、その先はアクセルを踏み続けても少しずつしか加速しない。この調子では舗装道路が途切れてしまうのではないかと心配しながら、ようやく到達したときは「やった」と思ったそうだ。国産車で、日本の道路で百キロ出すというのは、徳大寺のような特殊な環境に育った人間でも、チャレンジして到達するような事柄だった。特殊な環境とは、実家がタクシー会社で十六歳で免許を取得するような環境という意味だ（しかもそれ以前に無免許で運転していた実績がある）。

「国産車」が朝日の企画の目玉であるとはそういう意味だ。しかもふつうの市販車である。トヨタに提供させたのではなく、朝日新聞社が購入したというから感心だ。加えられた改装は、クルマの屋根の上に撮影台を設置、前席シートの背が後ろに倒れてベッドの代用になる、車体の下に補助燃料タンクを取り付ける、暑熱対策にラジエーター・ファンの羽根を二倍に拡大するなど、最小限と書かれたわりにはけっこうものものしい。これを記者（辻豊《つじゆたか》）とカメラマン（土崎一《つちざきはじめ》）の二人が交代で運転して五万キロを走破しようというのだ。

アウトバーンも灼熱《しゃくねつ》の砂漠も、インド亜大陸の高原も、場合によったらビルマからタイにかけてはジャングル走破も予想された。当初候補に挙がったクルマはジープだったという。それが合理的な選択だろう。実をとればジープだ。しかし辻は、外国を走るのに一目で他と違うクルマにしたかった。日本製にこだわったのだ。ロンドンの朝日新聞欧州総局に在勤中の辻と、上司の総局長森《もり》恭三《きょうぞう》の間で次のようなやり取りが交わされる。


森さんはしばらく考えたのち、たった一こと「乗用車にしなさい」といった。「愛国心の方ですね」とわたしは笑いながらうなずいた。[5]

そう、日本製にこだわった選択のトヨペット・クラウンは、実を取るより「愛国心の方」だったのだ。辻豊は朝日の紳士らしく、笑いにまぎらせて柔らかくまとめ上げた。しかし笑いの陰から漏

**アルプスを背景に休む辻と土崎の両特派員とクラウン**（『ロンドン―東京5万キロ』扉写真）

れ出すものこそ重要だ。実際、愛国心の方が重要だったのだと思う。しかもこの愛国心は少々ねじれている。辻は、トヨタが最初はクルマの提供を渋ったと書いている。完走したときの絶大な宣伝効果よりも、失敗したときのダメージの方を重く見たのだ。徳大寺が言う「それまでの国産車の一〇倍ぐらい進歩した」クラウンといっても、そんなものだったのである。だからこその企画なのだ。

現在の読者なら、「無謀な」計画だの、それを即座に許可した東京本社の「大英断」だのといった表現を、何と大げさなと思うかもしれない。しかし当時の私は文章通り素直に読んだし、大方の読者もそうだったと思う。ロンドンで得られるだけの材料を集めて検討した辻の判断は、七〇%はOK、残りの三〇%は、「ぶつかってみなければわからない」だったという。東京から駆けつける土崎一カメラマンは、まず運転免許を取り（だからさ、そういう時代だったんだって）、トヨタのサービスステーションに一週間通って、応急修理の実地講習を受けてからやってくるのだ。

実際は予算といい活用できる人脈といい、当時の一般的な日本人の感覚からすれば大名旅行だ。それが言い過ぎなら、特権旅行だ。しかしそう思わせない何かが、著者の側にも読者の側にもあったのである。戦後十年にしてようやくまともな（しかしまだ本当の自信はない）乗用車を作り上げた日本が、ロンドンから東京までのユーラシア大陸を走破する。いまふうに言えば一大メディアイベントだが、欧米に向かって、どうだと胸を張るのはちょっと気後れする。それでも戦後日本はここまで来たのだ。そのことを、メディアと読者が確認し合うのが、「ロンドン―東京五万キロ」の意義である。後述するように、やがて記者も読者も、バルカン半島で、砂漠のど真ん中で、イラン高原で、大新聞の後ろ盾だの在外公館のサポートだのといった「特権」は、偶然の巡り合わせや幸運をともなわなければ何の意味もないことを知ることになる。

新聞紙上では、一九五六年五月三日の第一信から十二月十九日の第二九信まで、実に八か月にわたる連載が続いた。実際の旅行は四月三十日にロンドンを出発してから、十二月十二日に車を積んだ船で日本に向けてバンコクを出発するまでである。船は米軍占領下の那覇に寄港したのち、山口県の富田《とんだ》港に入港する。

しかし旅の看板は「ロンドン―東京」だ。まだ徳山から東京までのドライブが残っている。これが結構な騒ぎだったようだ。紙面では（辻豊の通信ではなく一般記事扱い）、十二月二十七日の徳山出発から、二十八日岡山着、二十九日大阪本社着（「紙吹雪とテープの大歓迎」）、三十日名古屋着と連日報道され、三十一日の有楽町本社ゴールインは、オートバイ九台、大小のニュースカーなどに先導され、「千数百人の出迎の中を午後四時半、紙吹雪を浴びて」到着という大騒ぎである。

小学校五年生の私はこの連載を読んでいた。紙面の記憶はあまりないのだが、翌年に単行本になるとわりとすぐに買っている。そしてなぜか現在まで手元に残っている（私の所蔵本は今回の再読で解体寸前だ）[6]。小学生の私は、「愛国心の方」に反応していたのだと思う。つまりは、朝日新聞社の企画意図にきわめて忠実な読者だったわけだ。

そこに透けて見えるのは、この時代の国産と愛国心の関係である。といってもそれほどややこしい話ではない。白井義男の世界フライ級チャンピオンや槇有恒隊《まきゆうこう》によるマナスル初登頂レベルのものである。しかも自動車の話だ。小学校五年生の頭でも、世界で一番すごいのはアメリカ車で、それと日本車との距離などだれもはかろうとも思わない。でも国産車でロンドンから東京まで走破するのは単純にすごいなと思った。子どもの頭でもそうなのだから、大人の愛国心が、しかも朝日新聞と読者のそれが含羞《がんしゅう》を帯びてくるのはやむを得ない。要するに自意識と事実認識の双方から、胸を張って「どうだ」とは言えない、しかしそれで終わっては口惜しいという中での、チャレンジングな選択が「愛国心の方」だったのだ。

そんなもやもやした一九五〇年代はじめの日本人の自意識が反映したのかしないのか、のちのちまで私の記憶に残ったのは、トヨペット・クラウンの問題点に関わる部分が多いような気がする。

再読するまでもなく思い出すのは、トヨペット・クラウンのロンドン到着時のエピソードである。テムズ河口のドックには「ボイコット・ジャップ・グッズ」の殴り書きがあった時代だ。この「ジャップ・グッズ」はのちに問題になる電化製品ではない（それにはまだ二十年ほどある）。綿製品や雑貨である。その日本が自動車まで作るのか！　荷揚げされたトヨペット・クラウンはドッカー（仲仕）や港の役人などに取り囲まれる。辻は彼らから質問攻めに遭う。「馬力は?」「エンジンは何ccか?」「燃費は?」。そのたびに「オー」と感嘆の声を上げた彼らは、最後の質問への答えでようやくホッとしたような笑い声をあげた。価格である。

朝日が払ったのは百二十万円、当時のレートで千二百ポンドだったという。その価格なら一回り大きなイギリス車が買える。百も承知だから当初は返答をためらっていた辻は、「そんなばかな値段じゃイギリスでは売れないや」という仲仕の声に、負け惜しみで言い返す。高いのは日本の税金だ、「輸出価格はうんと安くなるさ」。このあまり論理的ではない返答にも、ねじれた「愛国心」が絡んでいたのだろう。

価格問題を除けば、「愛国心の方」を選択したのは間違いではなかった。単行本のカバー写真を見ると、ベビーカーを押している男性が振り返って、路上駐車のトヨペット・クラウンに注目している。このような反応は各地であったらしい。

もう一つ鮮明に覚えていたのは、自動車の性能に関わるものだ。徳大寺青年のみならずとも、運転ができる人間がヨーロッパに渡ったら、アウトバーンを走ってみたいと思うのではないか。もちろん当時は分断時代の西ドイツの、ブレーメンからハンブルクへ、トヨペット・クラウンは当時の日本では考えられない「素晴らしい自動車道路」を走る。といっても、いまなら何ということはない、中央を分離帯で区切られた片側二車線の道路なのだが、辻は重いトラックまで六十キロから八十キロで走っていると、感に堪えない風情で書く。

先ほどの徳大寺の時速百キロ初体験に照らすと、心配なのは我がトヨペット・クラウンである。だが辻の記述によれば、二代目で性能が向上したのか、アクセルをいっぱいに踏み込むと、みるみるうちにメーターの限界の百二十キロを超えそうになったとある。むしろ百二十キロに抑えて走るのに苦労したという。別に日本車スゴイという話ではない。アウトバーン以前から、千キロ走らないうちにアクセルのスプリングが焼き切れる故障が二度も三度も発生した。九十キロから百キロで二、三時間走ると、エンジンヘッドのすぐ近くのスプリングが伸び切って、焼き切れてしまうのだという。スピードメーターには百二十キロまで目盛ってあるが、それは連続的な性能を示すものではなかったのである。

それはそれとして、この本を読むのにネガティブな部分にばかり注目するのは、楽しい読み方ではない。連載の開始にあたって掲載された社告のような記事（一面だぜ！）は、狙いとするところを次のように書いている。[7]

「車をとめる土地は大都市とは限らず、むしろ各国の農村、山村、漁村など辺地を多くめぐり、今まで日本人の目にもふれず、ほとんど報道もされなかっためずらしい風物や、庶民の生活、話題、風俗習慣などを拾って、ペンとカメラで、随時紙上でお伝えするはずです」

「辺地」だの「めずらしい風物」だの、営業部の筆になるとしてももう少し洗練された表現を望みたいというのは、こんにちの目である。当時はこれでよかったのだろうし、何より実際の通信を読むと、この予告は看板に偽りなしだったと思う。

この本をベストセラーに押し上げたのは、恐る恐るの戦後ナショナリズムだけではない。それと綯い交ぜになってだが、当時の読者にとって、世界への知的な関心を満たす記述が、ロンドンから東京まで連続的に描かれたことではないか。途中で立ち止まったり、思い立ったら寄り道したりできる自動車で、珍しそうに寄ってくる現地の人々（老人から子どもまで）とふれあいながら、点ではなく線的に、あるいは面的に旅をする。いま読み直しても、ヨーロッパからアジアまで、出会った庶民の素顔を描いたまともなルポとして成立していると思う。

陸路で国境を越えていくのだから、通関手続きは必須だ。だから、ふれあった相手は意外に末端の下級官吏が多かったりする。私が記憶していたのは、オーストリアから旧ユーゴスラビアに入るときの税関吏である。簡単で好意的な書類検査を終えると、かれは「黒パンとネギとサラミ（ソーセージ）を出してモソモソと食べはじめた」（カッコ内原文）という箇所だ。なぜそんなところを覚えていたかというと、黒パンとソーセージの昼食を、辻が「貧相な感じ」と書くのが理解できなかったからである。だって、私にはちっとも貧しい食事とは思えなかったのだ。

もちろん私は、見たこともない黒パンとソーセージという言葉尻に惑わされていただけで、実際には貧しい食事だっただろう。しかしそれだって、歪んだレンズや不鮮明な鏡しか持たなかった私たちの、世界との接点の一つなのだ。「めずらしい風物」という陳腐な営業トークを馬鹿にしてはいけない。このルポはあの時代なりの、日本人と世界の関わり方を写し出していると思う。

その意味では、旅の後半、バルカン半島以降が一段と面白くなる。東欧編がユーゴスラビアだけなのが惜しまれるが、これは冷戦時代の国際環境からやむを得ないだろう。ウィーンからユーゴに入ったのが六月三十日、ギリシアを経て八月一日にトルコに入り、十六日にシリアに入る。[8] いよいよ新興のナショナリズムに昂揚するアラブである。

トルコからシリアに入る少し前、七月二十六日にエジプト大統領のナセルがスエズ運河の国有化を宣言した。スエズ動乱（第二次中東戦争）は彼らの旅行中にはまだはじまらないが、世界史年表に残る大事件に遭遇したわけである。アラブナショナリズムの燃え上がる中を、シリア、レバノン、ヨルダンと走破する。辻はこの旅行より以前にイスラエルにも行っている。イスラエルとアラブ双方の青年との対話を経験しているわけだが、だからといって彼らの燃えるような憎しみの連鎖に何事かをなしうるわけではない。

バグダッドを出てイランに入るのが九月五日、ザグロス山脈を越えて行く。ダリウス王（最近の日本語表記はダレイオスが多いらしい）の碑の傍らを、ということは紀元前五百年の昔から山中を貫く、アレキサンダーもマルコポーロも通ったに違いない道を、「いまわたしたちは日本の国産車で通っている」。

そんな高揚感もつかの間、山越えの悪路が続いてローギアでしか走れない。エンジンのオーバーヒートでラジエーターの水が沸騰する。このあたりを読むならグーグルアースを見ながらがお勧めだ。茶色い洗濯板みたいなギザギザの山並みを踏破する難コースのリアリティが少しは伝わってくる。

イランの「灼熱の砂漠」で流砂に埋まって進退窮まり、現地の人びとの力を借りて（もちろん礼金の交渉は丁々発止だ）脱出する経験ののち、パキスタンに入る。彼らが入ったのは西パキスタン、のちに分離独立してバングラデシュとなる東パキスタンへは行くことができなかった。

ロンドンからインドまで五か月かかっているが、ここまでは想定の範囲内だろう。ところがインドで足止めを食う。アッサム州からビルマに入りタイに抜ける当初の予定は、アッサム州の部族反乱やビルマ・タイ国境の治安の悪化などで、インド政府からもタイ政府からも通行許可が出ない。

やむなくインド東北部からビルマ・タイの陸路走破を断念して、カルカッタからバンコクまで船便となる。

彼らが陸路にこだわった理由の一つは、インパールからマンダレーへ、インパール戦の白骨街道を通って、「たとえ一片でも散り残る日本兵の骨を拾いつつ」ラングーンに出ようとしたからだという。いま読めば、苛酷な旅の途中で、ついでのように遺骨収集など可能なのかと思う人も多いだろう。だが読者は、この人たちが軍隊経験者だということを忘れてはいけないのだ。悪路でエンジンが壊れようが、砂漠の砂に埋もれようが何とか乗り切ってきた根拠の一つが、軍隊経験だったのはすでに述べた通りだ（註8参照）。敗戦からまだ十年ちょっとである。この地域を通るとき（結局予定のみに終わったが）、インパール戦が頭をよぎるのは当然だっただろう。

旅の最後がカンボジア、ヴェトナムである。それらを含む、パキスタンを皮切りとする「なつかしいアジアの国々」というタイトルの章は、次のようなエピグラフではじまる。

世界歴史ではもうアジアの時間がはじまっている。ただしアジアは一つだ——などというのは、虐げられていた前世紀の、切なく美しいたわごとに過ぎぬ。眼覚めたばかりのアジアはすでに、バラバラの集団である。インドとパキスタンの争いの救いのなさ。しかし、アジアに入ったとたんに感じる、この理由のない安心感と親愛の情。やはりわたしたちは徹頭徹尾、アジア人であった。

この部分をどう読むかは、なかなか複雑な問題だ。世界史におけるアジアの時間というある種の高揚感、だがそれに日本がどう関わるかは、朝日新聞記者であろうと保守党政治家であろうと、ひとことでは言えないだろう。逆に、「理由のない安心感と親愛の情」に基づくアジア人という感慨は、当時の多くの人に共有可能だったかもしれない。

ひるがえって、その後を知っている私たちという観点に立てば、まさに「理由のない」ものだったとしか思えない。このときヴェトナムはゴ・ジンジエム政権、やがてサイゴンに解放戦線旗がひるがえる日が来るとは、イデオロギーのメガネがない限り予想できなかっただろう。クメール・ルージュによる殺戮《さつりく》は、可能性すら考えおよばなかったと思う。

もちろん当時小学生の私には、大旅行の完結編でしかない。バンコクから船積みしたときのクラウンのトリップ・カウンターは四万三二〇〇キロだったという。五万キロはちょっとサバ読みだが、再読した私は、国産車クラウンの大健闘として素直に認めようという気になった。

## 四　クルマはどこまでよくなればいいのか——バブルの時代の逆説

私が車を購入して数年後には、日本車の対米輸出が自動車摩擦として問題になりはじめた。その頃、興味深いルポを読んだ。加納明弘《かのうあきひろ》「輸出！　日本車はなぜ売れる」（『文藝春秋』一九八〇年二月号）だ。ただし私がこのルポを読んでみる気になったのは、日本経済の動向に関心をはらっていたからではない。著者をほんの少しだけ知っていたからだ。彼は私の大学時代、教養課程のキャンパスで中核派の活動家だった。私とは同学年だったと思う。だから私の関心は、大学時代にキャンパスですれ違った人物が、十年を経てルポライターとして仕事をしているという点にあった。[9]

デトロイトあたりで、労働者がハンマーをふるって日本車をたたき壊すという、文字通りの日本叩きのパフォーマンス映像が伝えられた頃である。一九八〇年という年は、全米自動車労組（UAW）などが、急増する日本車の輸入制限を求めてアメリカ国際貿易委員会（ITC）に提訴した年らしい。だから日米自動車摩擦を論じたメディアは少なくなかったが、加納のルポは筆者を知っているという以外に、独特の手法で私の印象に残った。

私のようにボンヤリした人間は、本当のところどの程度に日本車が進出しているのか、半信半疑は言い過ぎだが、いまひとつリアリティを持てなかったが、実際にはこの年、日本車の生産台数は千百万台を超え、アメリカを抜いて世界一位となっている（アメリカは八百一万台）[10]。しかしそんな数字は統計を見ればわかる。それとは異なる加納の独特の手法とは何か[11]。アメリカのショッピングモールの駐車場で、実際に日本車の数を数えて歩いたのである。

結果はハリウッドに近いカルバー市のショッピングモールではアメリカ車六〇％、日本車二一％、欧州車一九％であった。これがUCLA（カリフォルニア大学ロサンゼルス校）になると、米四六％、日三四％、欧二〇％になる。いまから見れば何ということはない数字だが、当時の私はそんなに日本車が進出しているのかと驚いた。

もちろん加納チームはそんな単純な作業しかしなかったわけではない。日本車のユーザーにインタビューし、ディーラーにインタビューし、日本車の現地法人にインタビューし、最後は本丸のデトロイトに乗り込んでメーカーや労働者のインタビューを行っている。その中味は興味深く、加納チームの能力の高さを示しているが、結論を言えば、日本車が売れる要因は価格、燃費、そして品質である。

この時期のアメリカの自動車産業はまだ敗北感に打ちひしがれているわけではなく、アメリカがコンパクトカーにシフトしていけば、日本車の優位は長くはないという見解が多い。ルポの結論も、先行きはどうなるか分からないというものだった。しかし調査の中で印象的だったのは、日本車の品質に対するユーザーの評価の高さであり、トヨタ方式（哲学？）がディーラーに支持されはじめていることであった。それは大きな意味では、徳大寺の議論とつながる部分を持っているのである。

ここでようやく『間違いだらけ』をめぐる本題に入る。『間違いだらけ』で重要なのは一九八〇年代から九〇年代にかけて、もっと絞れば八〇年代半ばから九〇年代はじめである。そこでの主題は、トヨタ批判の変化だ。

『間違いだらけ』は社会現象だったから、もちろん批判も多かった。それらの中には、覆面での出版を最初からうさんくさい目で見るものもあった。たとえば出版の一年後に行われた記者会見をとりあげて、本が売れたから正体を現すというのは「そのこと自体が卑怯な行為ではなかったのか」という批判である。[12] ここから導かれるのは、歯に衣着せぬ批判は覆面だから可能だったので、覆面を脱いだら「切り捨てゴメン」など望むべくもないだろうという結論である。

この記事（一九八七年）の筆者は、徳大寺がトヨタのソアラを、西ドイツ車のメルツェデス（徳大寺の一貫した表記法だ）やＢＭＷに近いところに達したと絶賛したことを取りあげて、何をか言わんやと批判している。そのあたりは私は素人だからよくわからないが、当時の論者がこぞって、何をか言わんやの大合唱をしていたという記憶はない。しかしどうも筆者の言いたいことは、徳大寺は『間違いだらけ』が売れ出すと、初期のトヨタ批判から変節したというところにあるらしい。

私の考えはこれとはまったくちがう。確かに徳大寺のトヨタ車への評価は変化した。しかし私はトヨタ批判が次第に変質し、やがてそれが肯定に変わったことの中にこそ重要な主題があると考えている。それこそが『間違いだらけ』のシリーズとしての主題であり、変節批判ほど浅薄な言説はないと思う。

どのように変質（変節でもいいよ）しているか、一九八四年版で見てみよう。トヨタの販売は好調である。それは合理化によるコスト減と販売網の力と言われるが、徳大寺は、クルマそのものがよくなり、魅力をもっていることこそ売れる理由だという。なるほど、初期のゴテゴテ批判と、それにはユーザーも悪いという議論からは大きな変節だ。しかし重要なのは、クルマが良くなったという評価が、あるねじれをともなっていることである。

たとえば徳大寺は、クルマの比較は文明、文化の比較であるという視点から、日本車のオリジナリティについて（その欠如について）論じ続けた。それが一九八〇年代に入ると、「たとえ模倣でもそれをより安く、よりよいものに仕上げるのもまた価値あることだと思う」という論調に変わってゆく（八四年版「はじめに」）。変わったのは評価の軸だ。ではその行きつく先は？

一九八〇年代を通して、日本車は良くなった。それはどのような意味でなのか。ハイクオリティで低価格、決して冒険的ではないがつまらなくはない、そんな「金太郎飴として完成した」のだという（八九年版「はじめに」、傍点引用者）。これは商品としての日本車の姿を過不足なく表現しているのではないか。その「金太郎飴」をつまらないというか良くなったというかである。

金太郎飴じゃ面白くない。それは徳大寺自身のＤＮＡにしみついた価値観だ。しかしこの金太郎飴はハイクオリティであり、それとして完成しているのだ。徳大寺は、自分が乗りたいクルマがどうあってほしいかとは別に、金太郎飴を肯定しきってみせたのだ。なぜ批判者はこういうところを問題にしないのだろう。これは、前に述べた黒白問題の一つの帰着点だ。

そしてついに九〇年版にいたって、日本車は機能、価格ではヨーロッパ車を抜いたのではないかという評価が登場したのである。トヨタのセルシオ、日産のインフィニティである。同時に、クルマが実用というより自己表現になりつつあるという表現もこのとき現れる。自己表現としての商品という考え方は、もっと以前からあったかもしれない。しかしここでは世界一の販売台数を誇る商品について言われているのだ。

もう一つ付け加えようか。九一年版ではトヨタのカムリ、ビスタの評価が高い。それはあらゆるところに気を配り、かつ技術をほどこした結果生まれてくる「普通グルマ」だという。もちろんエキサイティングではないしつまらないが、これ一台買えばクルマのことは何年か忘れていられる。徳大寺はそれを、メルツェデスの対極にあって、しかもそれに最も近いと表現した。私はモノと人の関係に関する洞察として、とても高度なものだと思う。違う言い方をすれば、徳大寺はここで高度消費社会が行きついた姿をよく言い当てているのではないか。もちろん、そんな社会が好きか嫌いかは別の話である。

私としては、『間違いだらけ』についての言及はここで止めてもいいのだが、とりあえず世紀の変わり目まで駆け足で見ておこう。九二年版で、「いったい自動車はどこまでよくなればいいのだろうか」という徳大寺の最終テーマ（？）が登場する。九三年版では、もはや出てくるクルマはことごとくいいクルマであり、すべて合格点とされるのだが、これらのクルマが出はじめてから、クルマがバタッと売れなくなってしまう。もちろん九〇年代前半の日本経済低迷はバブル崩壊によるものだが、クルマが売れないのは、それ以上にユーザーがクルマに飽きはじめてしまったのだ。

九五年版の指摘は日本車にとってかなり悲惨である。パリサロンで世界のジャーナリストは日本車ブースに寄ろうともしないのだという。フランスのレキップ紙が「日本車の時代は終わった」と書いたそうである。

少し前向きな話題としては、九七年十月にトヨタのプリウスが発売された。ニッケル水素バッテリーを搭載し、千五百ccで二百十五万円である（これでも当時は割高だった！）。徳大寺はここではじめて、それまで懐疑的だった電気自動車について、それがクルマのみならず交通システムを根本的に変えるかもしれない可能性に言及する（九八年版）。

登場したてのプリウスはまだ月産百台である。環境時代の幕開けというなら、徳大寺が主張するように一番のボリュームゾーンに展開しなければ意味はない。しかし翌九九年版では、徳大寺自身がプリウスを購入する。そして十か月間乗った経験から、純粋にクルマとして気に入ったと書いている。もはや周知のように、やがてプリウスはベストセラーカーになる。月産百台からベストセラーへ、ライフスタイルの記号から実用へ、この変化は検討に値するだろう。

結局のところ、徳大寺が最後に到達した自動車観とはどのようなものだっただろうか。一九九六年に、その名も『ふれあいケア』[13]という、徳大寺本人が高齢者になったということ以外には関連性が見つけにくい、介護関連の雑誌に掲載されたインタビューがある。そこでの発言が私には興味深い。

日本カー・オブ・ザ・イヤーの審査員を辞めた理由について聞かれた徳大寺は、「これ以上自動車をよくする努力というのはアホ臭いと思ったから」と答えている。さきに見たように、徳大寺は『間違いだらけ』の終わり近くで、クルマはどこまでよくなればいいのかという問いを提起する。それに対する自身の答えかもしれない。彼は逆にインタビュアーに質問する。「どういう車がいい車ですか」と。「やはり形がきれいで、パワーがあって速く走る、そして壊れない」という答えに、笑いとともに「うん、今ほとんどそうなってない？」と問い返す。

もはやこれ以上いいクルマを追求する意味がないとしたら、自動車の進歩は止まるだけなのか。徳大寺が語る自動車の理想は、「スペースを取らないで、リモコンでテレビをつけるように僕の車庫の前に小さいのがチューッと来て、それに乗り込んで、リモコンを操作するだけで行きたい所へ行ける。それであまり排ガスも出さない。そういうのが理想」だという。これは理想なのかペシミスティックな終末なのか。徳大寺の結論は次のようなものだ。

人間が自分の運転する歓びなんかにこだわっているうちは自動車はダメだと思う。運転するのが楽しいというのは俺みたいなジジイとか、一部の人がやっていればいいことだが、それはマスではない。

ここに徳大寺の到達点がある。それは多くの洞察を含むが、矛盾に満ちてもいる。マスは徳大寺の望むようには行動しないからであり、そのマスと向き合っているのはメーカーなのだ。

## 小括――歴史としての『間違いだらけ』

『間違いだらけ』が毎年書き続けられたのは、もちろん読者を（ベストセラーになった当初ほどではないにしても）獲得し続けたからである。そしてそれは、日本車が売れ続けるという事態と併走していた。だが、『間違いだらけ』の評価が個々のクルマの売れ行きに影響したかというと、それはどうだろうか。徳大寺に糞味噌にけなされたクルマの売れ行きが目立って落ちたという話は聞かない（クラウン、マークⅡを見よ）。

では『間違いだらけ』の果たした役割とは何だったのだろうか。それともそんなものはなかったのか。私の考えでは、日本のクルマは大きく見れば徳大寺の主張する方向に進んできたのだろうと思う。徳大寺の良しとしたクルマの性能や設計思想、製品開発の方向性は、まったくそのままではないが、実現してきたのではないか。だからこそ、「クルマはどこまでよくなればいいのか」が最終的なテーマになったのである。それはメーカーや消費者が徳大寺の主張に影響されたのではなく、日本の車社会が進む方向と徳大寺の主張が、緩やかにではあるが合致していたのである。もちろん数十年を距ててこそ言える話である。

モータージャーナリストの清水草一《しみずそういち》は、『間違いだらけ』の登場について「自動車ジャーナリズムにおける黒船」と書いている。[14] その清水は、日本のクルマが徳大寺の理想の方向で「正常進化」したのと時を同じくして、日本人がクルマに夢も希望も抱かなくなったと書いている。すでに見たように、誰よりも徳大寺自身が感じとっていたことである。清水によれば、中国はもとより欧米の人びともまだまだクルマに夢中であり、クルマを冷蔵庫扱いしはじめたのは日本人だけだという。そのあたりは私には分からないが、そうだとしてもそうでないとしても、そこに孕まれた問題は検討に値する。

それだけでなく、『間違いだらけ』のまれに見るロングセラー化は、一つの逆説を含んでいると思う。最初のトヨタ批判で、徳大寺は、責任の半分はユーザーの側にあると指摘した。これは以前に取りあげた『暮しの手帖』における花森安治の考え方に似ている。このような批判の形式は、資本主義社会における商品生産によってもたらされたものを対象にする限り、必ず帰結する形式だということもできる。だがそれを回収できるのは、批評家ではなくメーカーしかないのではないか。これは危険な考え方かもしれない。なぜなら、最後に消費者の側に立てるのはメーカーだという考え方を成り立たせるかもしれないからである。

私には『間違いだらけ』の功績は違うところにあるように思える。『間違いだらけ』は、バブルの時代を正しく反映したのではないか。違う言い方をすれば、一九八〇年代は、現在多くの人が語るのとは違う評価が与えられるべきなのかもしれないと思うのだ。日本経済の高度成長は、はじめほとんど保守党のデマゴギーのように語られ、それがもたらした列島史的な社会変動に多くの人がまともな目を向けるようになったのは七〇年代になってからだ。

それと比較して八〇年代は、その後に長く続いた経済の停滞の前振りとして、徒花《あだばな》のようにしか語られてこなかったように思われる。けれども、徳大寺有恒による長い物語が示しているのは、八〇年代までに何事かそれまでなされなかったことが達成され、日本の消費者はそれを無意識に評価し終えたということではないか。

「いま」がこれまでとかなり違う社会になっていることは確かだが、それは何がどう異なっているのか。私は『間違いだらけ』シリーズの全体が、時代を映し続けた資料として後世に残ると思う。後世だれかが、いまはまだはっきりと段階づけられない時代の意味を探ろうとしたとき、この時代が何であったかをうまく言い当てられるかもしれない、そんな意味での歴史資料の位置を獲得するのではないかと思う。

**【註】**

1　書誌にあるように本体だけでも大変なシリーズだが、その他に「基礎知識」や「外国車選び」などが「間違いだらけ」を冠して刊行された（「外国車選び」は五回刊行）。このほか草思社以外の出版社からも「間違いだらけ」を冠した本が数種類出版されているから、それら全体の部数も厖大なものであろう。

まさか私もそれらをすべて読んだわけではない。ただ本体の『間違いだらけのクルマ選び』シリーズは全部持っていると思い込んでいたのだが、今回再読にあたって引っ張り出してみると八冊ほど欠けていた。一九八三年版から二〇〇〇年代ごくはじめまでの揃いがいいのは、その時期の内容が面白かったからであろう。バブルの時代からそれがしぼむまでの時期であるのが、我ながら興味深い。そして、それこそが本稿の主題でもある。

2 石井信平「現代の肖像 徳大寺有恒（自動車評論家）孤独を生きる「クルマの神様」」（『AERA』四〇、一九九九年九月二十七日）。なお石井は最終的に七十七万部売れたと書いているが、清水草一「徳大寺有恒 自動車評論家――変革の書「間違いだらけのクルマ選び」（特別企画 だから日本はこうなった）」（『文藝春秋』二〇〇三年五月号）は百万部超としている。

3 徳大寺有恒は一貫してクルマという表記を用いているので、本稿でもそれに従いたい。ただし本節では例外的に自動車と表記する。同時代にクルマという言葉はなかったからである。いや、あったかもしれないが、それは徳大寺がクルマと片仮名で表記する語感とは異なっていたはずだ。

4 徳大寺有恒『ぼくの日本自動車史――Old Japanese automobiles』（草思社、一九九三年）。徳大寺の周辺でこの本を好きだという人は少なくない。私も感じのいい本だと思う。

5 辻豊・土崎一『ロンドン―東京5万キロ――国産車ドライブ記』（朝日新聞社、一九五七年）、一二頁。

6 書誌参照。解体寸前というのは、何度も読んだというより酸性紙の経年劣化のせいだろう。

7 一九五六年五月三日付。同日に第一信も掲載されている。社告の見出しは「ロンドン⇓東京／五万キロ・ドライブ／五ヵ月の大旅行／両特派員国産自動車で」、見出しを含め五段抜きである。見出しからも「国産自動車」が重要だったことがよくわかる。

8 この旅程がどのくらいハードスケジュールなのか、私にはわからない。けっこう日数を要しているように見えるのは、七月三日にセルビアでクルマが横転大破するという大事故に遭っているからである。命に別状はなかったが、修理のための部品の到着を待って、ベオグラードで三週間の足止めを食っている。あわや冒険旅行は中断というピンチから立ち直ったのは、二人とも飛行機の不時着で大破炎上という経験をしているからだという。ここで読者は、この二人が軍隊経験者であることを思い起こさせられるのだ（辻は海軍）。日本の敗戦からまだ十一年しか経っていないことのリアリティは、のちにまたアジア編で示されることになる。

9 この原稿を書くにあたって、何の気なしのウェブ検索で初めて知って驚いたのだが、彼には息子に自身の学生運動を語った本がある。加納明弘・加納建太『お前の1960年代を、死ぬ前にしゃべっとけ！——肺がんで死にかけている団塊元東大全共闘頑固親父を団塊ジュニア・ハゲタカファンド勤務の息子がとことん聞き倒す！』（二〇一〇年、ポット出版）。この本によれば、以下本文で述べるルポのためのアメリカ取材時には、加納は佐世保エンタープライズ寄港阻止闘争で検挙された裁判が係争中であり、ビザをとるのに大変苦労したらしい。

10 「トヨタ自動車75年史」https://www.toyota.co.jp/jpn/company/history/75years/index.html。三和良一・原朗編『近現代日本経済史要覧』（東京大学出版会、二〇〇七年）参照。この年、日本国内の乗用車の保有台数は二三六六万台であり、これは一九七〇年の約二・八倍、私が大学に入った一九六五年と比較すると十倍以上になる。

11 おそらく正確には加納チームというべきであり、加納がアンカーだったのだろう。先に見た息子さんとの対談本では、一緒に仕事をした人物として高野孟の名前があがっている。

12 松本謙次「車評論家・徳大寺有恒が覆面を脱いで以後……。」（『噂の真相』一九八七年七月）。

13 「自動車評論家徳大寺有恒 クルマへの愛を超えた探求心」『ふれあいケア』二―八（一九九六年八月、全国社会福祉協議会）。

14 前掲清水「徳大寺有恒 自動車評論家——変革の書「間違いだらけのクルマ選び」」。

終章　「戦後」の始源へ

山田風太郎『戦中派不戦日記』（一九七一年）
『滅失への青春——戦中派虫けら日記』（一九七三年）

【書誌（刊行順）】

○『戦中派不戦日記』（番町書房、一九七一年二月一日）。「あとがき」は前年十二月付。昭和二十年一月一日から十二月三十一日の日記。本文は九ポ二段組みでびっしり組まれて三百三十頁、定価六百八十円であった。一九八五年八月に講談社文庫として刊行。二〇〇二年十二月に新組、大活字で新装版（文庫）として刊行。

○『滅失への青春——戦中派虫けら日記』（大和書房、一九七三年）。昭和十七年十一月二十五日から昭和十九年十二月三十一日の日記。『戦中派虫けら日記　滅失への青春　昭和17年〜昭和19年』と改題して一九九四年八月十五日に未知谷から刊行。同タイトルで一九九八年六月にちくま文庫として刊行。

○『戦中派焼け跡日記　昭和21年』（小学館、二〇〇二年八月）。昭和二十一年一月一日から十二月三十日の日記。二〇一一年八月に小学館文庫として刊行。

○『戦中派闇市日記　昭和22年　昭和23年』（小学館、二〇〇三年六月）。昭和二十二年一月一日から二十三年十二月三十一日の日記。二〇一二年八月に小学館文庫として刊行。

○『戦中派動乱日記　昭和24年　昭和25年』（小学館、二〇〇四年十月）。昭和二十四年一月一日から二十五年十二月三十一日の日記。二〇一三年八月に小学館文庫として刊行。

○『戦中派復興日記　昭和26年　昭和27年』（小学館、二〇〇五年十月）。昭和二十六年一月一日から二十七年十二月二日の日記。二〇一四年八月に小学館文庫として刊行。

## 一　なぜ風太郎日記か

序章で述べたように、本書の仕掛けは、かつて私が読んだ本をかなりの時間を距てて再読することで、その間の時間的距離の測定を試み、それを通して私自身が生きた時代を歴史としてとらえ直すという、かなり面倒でひねくれたものだ。そう考えたときに取りあげるべき本は、書かれた時代として「戦後」のある時期が濃密に、あるいは特徴的に反映されており、なおかつそれは私が同時代人として生きた時間に重なっており、さらに刊行された時代に私が読んで何らかの影響を（正負いずれにしても）受けたものである。そんな観点からすると、山田風太郎《やまだふうたろう》の戦中・戦後の日記を取りあげることは、微妙にこの原則から外れることになる。もちろん私は書かれた時代を生きてはいないからだ。一九四五年以降の戦後の日記は、生物学的には同時代だが、ここで言う意味での同時代を生きたことにはならない。

しかし最初の戦中日記である『戦中派不戦日記』が登場したのは一九七一年である。そして私がその頃に読んだのは間違いない。より重要なのは、私は刊行時にとりあえずそれを史料として読んだのだが、時間の経過とともに「史料」の意味合いが私の中で変化していったことだ。はじめは、日記に書かれた昭和二十年の日本を比類なくリアルに描いている「史料」として読んでいた。しかし読み続けるうちに、それが一九七〇年代初頭に刊行されたこと、そのことを通して、ということは私たちがその時代に『戦中派不戦日記』とそれに続く『戦中派虫けら日記』を読むことになったということを通して、それらが戦後日本社会の推移した時間を写す鏡（鑑）となる可能性を秘めていることに強い関心を抱くようになった。その変化を主題とすることで、本書の原則内に収まっていると考えておきたい。

そもそも「戦後」と言ったとき、人は何を思い浮かべるのだろうか。すぐに浮かぶイメージなど皆無という世代が多数派なのは承知の上で考えてみる。喪失と放心の（人によっては憤怒と屈折の）焼け跡から始まる「戦後」だろうか。少し遅れて物心ついたのなら、食糧難、闇市、六三制と続く時代だろうか。少しずつ時間を後に延ばしていけば、さまざまな時代相が続く。

他方で本書（いま読んでいただいているこの本だ）は、憲法でも平和主義でもなく、また今日食う米でもない「戦後」を語っている。それは私の「戦後」だが、それも戦後である。個人的な体験を通してなら、私は私の「戦後」を語るしかない。どうぞご勝手にと言われればそれで終わりだが、しかしそれを、つまり憲法や平和主義や食糧難からはじまるのとは異なる「戦後」を、何とかして共通の言語で語れる場に引き出してみたい。

「戦後」を語るに際して、一九四五（昭和二十）年生まれの私のような世代の特性は何だろうか。[1]戦後派と言っても、人格形成期が戦後という年長世代のように、戦前（戦中）も戦後も両方知っているのとは異なり、物心ついたとき戦後教育は制度も内容も、試行錯誤の時代はほぼ終わっていた。したがって、教育を通して完成形の戦後的価値観を自明のものとして受容したのが私たちの世代である。本書の第一章が「私の教科書」である所以《ゆえん》だ。

そのあとは、私の中で骨がらみ血肉化された価値観の、長い時間をかけた解体過程のようなものである。本書の第二章以降がそれにあたるが、価値観が形成されたり解体されたりというのは家の建前のようなわけにはいかないので、解体過程と見えるものが強化・再建であったりする。第二章以降がジグザグしているのはそのためである。

同時に、学校教育で注入される価値観とは、聞かれたら答えなければいけない模範解答のようなものだから、必ずしも日常的に規範として機能し続けるわけではない。ならばタテマエとして無視すればよろしいかというと、そうはいかない。それが模範解答にすぎないということを知る行為こそ、規範を形成する要だからである。そこから、タテマエであることを超えて、「真の」価値に彫琢しようとする志向が生まれる。いわゆる「戦後思想」とは、そのようにして形成され、深化してきたものであろう。

幸いと言うべきか、私たちの日常は公教育の中で価値化された公的言語のみが占有していたわけではなかった。私たちは、教科書の模範解答を受容する一方で、それよりはるかに広く深い領域を生きていた。それが広い意味での遊びであり、娯楽である。一時期、多くの人が誤解したが、もちろんこの領域の言葉がそれ自体として規範解体的であったり「反体制」的であったりするわけではない。しかし表現行為という観点から見ると、この領域はあるとき暴力的に解体的となり、また生産的となる。それはこの領域が資本と結びついているからである。それが映画であり、テレビであり、さまざまな分野におけるエンタテインメントであった。もちろん文字表現も含まれる。

ここから先は単純には行かない。私の体験から言えば、私の中の教科書的価値観を解体する上で最も強力に作用したのは、いま仮に遊びだの娯楽だのと述べた領域から受容したものである。しかしそれはまたその中で、新たな規範的価値観を形成してしまう。残念ながら、どこかでホッと一息ついて勝利の凱歌《がいか》を揚げるわけにはいかないのである。何とかして、私的体験にすぎない我が「戦後」を、公共の場の言語たらしめようとする所以である。


ではなぜ最後に山田風太郎なのか。その理由は簡単と言えば簡単である。これまで読んできた本の多くは、はじめて読んだときに何らかの感動を得たものでありながら、再読に際して何かしらの違和感が残ったものであった。その違和感の根拠を考えることが各章の主題であったと言ってもよい。逆に山田風太郎の場合、そのような違和感が極めて少ないのだ。つまり、初読と再読の印象の距離が最も小さいのである。終わりにあたって、その点について考えてみたい。

じつは最終回に山田風太郎の日記を取りあげることは、本書のもとになった連載をはじめるときから決めていたことである。その点では、第六章で取り上げた徳大寺有恒『間違いだらけのクルマ選び』と同様だ。またどちらの場合も、日本近代史研究者、昭和史研究者として読むということに私は意識的であり、その点でも似ている。つまり私はこれらの著作を史料として見ているのだが、そうなるにいたった経緯は異なるし、どのような意味で史料として見るのかについても微妙な差異がある。

『間違いだらけのクルマ選び』の場合、長い間なかば惰性のように読んでいるうちに、そこに高度消費社会の人々の意識が（あるいは意識下の何かが）反映されていると考えるようになった。山田風太郎の戦時日記の場合はそれと異なって、出会った瞬間の衝撃のようなものを、時間をかけて考え続け、消化しようとしたように思える。

考えてみると、山田風太郎の日記について書いてみたいと思いはじめたのはずいぶん前のことである。初めて読んだ『戦中派不戦日記』[2]（以下『不戦日記』と略す。同様に他の戦中・戦後日記の書名についても「戦中派」の部分は略す）は衝撃的であった。この場合、衝撃というのは不正確かもしれず、すでに風太郎ファンであった私にとって、最初は単に面白かっただけかもしれない。ともかく『不戦日記』は他に類例のない、系譜を想像させないものとして、突如として登場したという印象が残っている。

世に戦中日記というものは少なからず存在していたが、しかし山田風太郎のそれは、既存のどれにも似ていない。それは作家や研究者を含めた物書きの日記とも、あるいはまた無名の市井の人びとの日記とも系譜を形作っておらず、孤絶して立っているように思える。他方で、作家山田風太郎のそれまでの作品群との間にも、系譜関係を想像しにくいものとして登場したと思う。それは何にも似ていないものとして不意にそこに立っており、辛うじて山田風太郎という作家名だけが、立っている場所を特定する手がかりとして与えられているというふうであった。そのあたりから考えてみる。

## 二　山田風太郎との遭遇

私がはじめて山田風太郎の名前を知ったのは、いわゆる忍法帖ブームの頃である。中学から高校にかけてだったと思う。同時代人には自明のことなのだが、広く世間に知られるようになったとき、山田風太郎はまともな小説家として遇されたわけではない（初期の小説作品を読んでいたのは一部の探偵小説マニアだけだ）。それについて最初に思いうかぶ個人的な経験からはじめてみる。

スポーツ全般について、嫌いというわけではないがあまり得意ではなかった私は、我ながら説明がつかない心理だが、高校ではサッカー部に入った。[3] 私のようにサッカー部に入ってはじめてボールを蹴る部員が半分以上、監督もコーチもいない、部員だけでやっているチームだ。それでも夏合宿には大先輩がコーチとしてやってきた。この人は山田風太郎とあまり歳が変わらない戦中派で、辞書などで名の通った出版社に勤めていた。戦争中は海軍兵学校に進んだ人で、そのことを「浅はかだったんだねえ」と語っていた。私のようなとくに政治意識をもたない人間にも、言葉の端々から共産党の支持者であることがうかがわれる人だった。復員して一橋大学に入るが、そこでサッカーに熱中したらしい。[4]「僕もグラウンドでは鬼と言われた男ですから」と私たちを叱咤することがあった。

この人が合宿所の夕食前の挨拶で、「最近は山田風太郎なんていうどうしようもないのがベストセラーになっているが」と大いに慨嘆したのである。引き比べて、若者が目を向けるべき頭脳と肉体を兼ね備えた新時代の英雄として彼が賞賛したのが、ユーリ・ガガーリンとゲルマン・チトフであった。宇宙開発でアメリカに先んじていたソ連の、言わずと知れた宇宙飛行士の第一号と第二号だ。「英雄」という日常会話ではあまり出てこない言葉を使ったのが、ちょっと時代がかって印象的だった。[5]

つまり、忍法帖シリーズで一躍ベストセラー作家になった頃の山田風太郎は、進歩的文化人からはあまり健全ではない、露骨に言えばエロ本作家として扱われていたのだ。だとすれば男子高校生が手を出してもよさそうなものだが、私の周囲では、たとえこっそりとでも読まれている雰囲気はなかった（私が知らなかっただけかもしれない）。ただ忍法帖ブームは社会現象だったから、週刊誌情報だが、忍法筒涸らし（わかりますか？）だの、体中の関節を脱臼させて千両箱の中に身を潜めるだのといった奇っ怪な風太郎忍法について、断片的な知識はもっていた。

私が山田風太郎をまともに読むようになったのは、そんな進歩的文化人コーチの訓戒からおよそ十数年を距ててである。ミーハーのようで気が引けるが、私が読み始めたのは『斬奸状は馬車に乗って』（一九七三年）、『警視庁草紙』（一九七五年）、『幻燈辻馬車』（一九七六年）など、幕末維新ものといわれる作品群が登場するようになってからである。いずれも単行本になってから読んだ。このあたり、七〇年代から八〇年代にかけては、出れば読むという感じの追っかけ状態だったが、とりわけ明治初年の北海道樺戸《かばと》集治監を舞台とした『地の果ての獄』（一九七七年）、水戸天狗党の惨憺たる「大長征」を描いた『魔群の通過』（一九七八年）に接するにおよんで、何か違う感触を感じはじめた。といっても、作品の質が変わったと考えたわけではなく、こちらの受け取り方が変化し

**山田風太郎『地の果ての獄』**（文藝春秋、1977年）、**『魔群の通過』**（光文社、1978年）

たのだ。

高度の洞察と想像力が生んだ文学作品という理解は変わらないが、それが私自身の職業である歴史研究の領域に近接した存在となってきたのだ。歴史の語り方という意味においてである。同時に、これはちょっとかなわないと思った。

山田風太郎が人間的存在を描くときの核にあるものは、性と死であると私は思う。性と対になる部分に死が置かれている。その構造が、歴史観を支える骨組みになっている。そして創り出されるのは、卓越した娯楽性をもった作品である。真似しようと思っても、そんな歴史叙述が私ごときに可能なわけがない。かなわないとはそういうことだ。同時に風太郎作品が、私にとっての楽しみの世界から、探究するという心組みで読むものに変化していった。そうなるについて日記から影響を受けたのか、そのような目で日記を読んだから衝撃を受けたのか、ともかく『不戦日記』に遭遇したとき、私はすでに風太郎マニアであった。

## 三 「日記」の衝撃

最初の刊行された日記、『不戦日記』が登場したのは一九七一年である。幕末・維新ものを精力的に発表しはじめる、まさにその時期だ。そのときに受けた感触を、いま正確に思い出すのは難しい。私は刊行されてすぐに（ということは大学院時代だ）読んだと思い込んでいたのだが、そもそもそれがかなり怪しいのである。あらためて確認し直してみると、どうも一九七〇年代の後半ではないかと思う。だとすると大学に職を得てからすでに数年が経っている。

その頃私は、就職が決まらない中でとりあえず入学した大学院時代の中途半端な研究姿勢を、完全には払拭しきれずにいた。だが今にして思えば、私は日本近代史研究が大きな転換を遂げつつある渦中にいたのである。それまでの戦後歴史学の枠組みはほどけはじめていた。それをもたらしたのは、史料の発掘に基づく実証研究である。私は一方で、きちんと史料を読めばいくらでもアラが見つかる「日本ファシズム」研究なるものから抜けだそうとしていたが、他方で、当時の私には自身の置かれた現実と相渉らないように見えた、「単なる」実証の間で、自分自身に苛立ちを募らせていた。天の声あらば、「何やってるんだ、愚か者！」といったところである（若気の至りです、お許しください）。

そんな私に、風太郎日記は筆者の呼吸や拍動が伝わってくるような、真の同時代史料だという感触をもたらした。はじめて歴史としての同時代というものを想像することができた私は、これを読み込んで史料とするようなものを書きたいと妄想し、親しい友人にそんな話をしたことがある。その頃私が親しくしていた同年代のTという編集者がいた。彼の勤める出版社が大学と近かったこともあり、大学院時代のある時期は、週に一回くらいの頻度で喫茶店で話し込んでいた。知り合った頃、Tはほとんど独力で『季刊社会思想』という分厚い雑誌を編集し、やがてそれを廃刊して『知の考古学』という雑誌を、これも独力で編集した。社会史ブームの入り口くらいの時期で、Tは有名になる前の阿部謹也に入れ込んでいた。その一方で、私の近隣の存在でいえば、坂野潤治《ばんのじゅんじ》に注目していた。すでに『明治憲法体制の確立』[6]は出ていたが、今日まで半世紀にわたって日本近代史学界を制するパラダイムになると予測していた人は、まだいなかったのではないか。Tは慧眼の若手編集者だったのだ。

人を介して紹介されたTに、私は最初の活字論文を『季刊社会思想』に掲載してもらった。論文の内容は、可能なら取り消してもらいたいような代物だったが、それが縁で親しくなったTとは、就職した後も交渉が続いた。そしてあるとき、彼に連れて行かれた新宿のバーで、私は中井英夫《なかいひでお》に遭遇したのだ。先に怪しいと書いたのは、このあたりの時間の前後である。私の思い込みでは、中井に出会った（見たといった方が実態に合うが）のは院生時代だったはずだが、あらためてさまざまな記憶をかき集めてみると、ほぼ間違いなく一九八〇年のことであったようだ。[7]私が大学に職を得て五年ほど経った頃だから、何かの用件で東京に出張していたときではないか。

Tは中井英夫とは旧知の仲らしく、私も紹介されて挨拶をした。なぜそんな話題になったのかはよく覚えていないが、私はそのとき、山田風太郎の戦中日記に感心している、このようなものを史料とする論文を書きたいというようなことを口走った。中井は関心を示して、自分の日記も取りあげてくれるのかというような質問をした。後述する『彼方より』のことだが、私はそんな著作が存在することすら知らず、曖昧に口を濁すほかなかった。中井は、戦中日記を史料に歴史を書くという私の言葉がまだ単なる願望にすぎないことを察知して、ちょっと小馬鹿にしたように「なあんだ」という表情をした。しかしそんなことより、本稿にとって重要なのは、強く記憶に残っている次のような中井英夫の発言である。

中井は自分の作品（『彼方より』だろう）を山田風太郎に送っていると語った。しかし山田からは、謝辞とともに「お目にかけるようなものは書いていないので」という趣旨の返事しか来ないのだという。中井はそれが不満らしく、「僕は彼の書いたものを高く評価しているから、自分のものを送っているんだけどね」と、もどかしそうに語っていた。私はその時、中井英夫が表明した山田風太郎への敬意と山田の反応の双方に、納得できるものを感じた。

私はこの中井と山田の関係に興味がある。なぜなら、山田の木で鼻をくくったような応対にもかかわらず、二人のやり取りはその後も続いていたことを後に知ったからである。『別冊太陽』の山田風太郎特集には、後年の中井に宛てた山田の書簡が紹介されている。[8] そのうちの一九八九年十二月五日消印と紹介されている書簡[9]では、中井の代表作とされる『虚無への供物』にふれて、「いつも書庫で横目に見て通りつつ、まだ拝見しないのが苦しみの一つ?!」と書いている。一九九三年に死去する中井の晩年にいたって、『虚無への供物』を読んでいないと本人に語るとは、ちょっと驚いてしまうが、同じ手紙には次のようにも書かれているのだ。

「実は小生、この前書いたかも知れませんが、乱歩さんのものも戦後の作は一作も読んだことなし、横溝さんも、「本陣」「獄門島」「蝶々」以外は読んだことなし、親友？の高木さんも「刺青」以外は読んだことなし、世界の推理小説ベストテンも三作くらいしか読まず。読んで影響を受けると困るからと称してますが、何、ただただ横着なのです」「あなたが小生のものをふくめて大読書されるのは、実に感嘆にたえず。その小生のものですが、大兄の高さにくらべて俗、鈍、凡、比較にもならず。もっともその資質がずっと以前からわかってたので、とうとうその範囲内からぬけ出す努力もしなかったのかも知れません」

私が会ったときの中井の発言とここに書かれたことを重ねると、山田風太郎は中井英夫に対して、交遊の最初から中井の死の数年前にいたるまで、自己を語るのに同じ内容を繰り返していたことになる。私が中井の不満を聞いてからほぼ十年を経て、両者のやり取りが続いていたのは驚きだが、それ以上に山田が自身の作品についての語りを崩していないことも驚きに値する。むしろ、ただの謙遜でここまでへりくだるのは異様にも思える。「俗、鈍、凡」とは、本当にそう思っていたのか。そもそも代表作も読んでいないと言いつつ、「大兄の高さ」とはこれいかにである。

そのことにだけこだわっても意味はないが、山田の側に何らかの自負に似た感情があったことは確かだろう。いずれにしても、少なくとも中井は山田風太郎の戦中日記に、自身の戦中と相通ずるものを感じていたはずであり、山田も謙遜の固いガードの下で、それを認識していたのではないか。そのことは、戦中・戦後の風太郎日記を理解する上での手がかりになると思われるが、その点について考える前に、私がはじめ『不戦日記』や『虫けら日記』をどう読んだかを書いておきたい。

## 四　戦時を生きる

すでに述べたように、私はまず『不戦日記』『虫けら日記』を、他に類を見ない戦時史料として読んだ。中井英夫に鼻で笑われた（私がそう受け取っただけで、あからさまにそんな態度を示されたわけではない）ことへの回答にはなっていないが、その結果は過去の著作で少しだけ書いている。その部分は戦時史料を読むという観点からは、あまり間違っているとは思っていない。

そもそも通常の人間観察をもってしても、戦時下の庶民が特別に好戦的なわけでもなければ、逆に反戦的でもないということは想像可能である。しかしそのような庶民の感情が個々の具体的な生活の場でどのように表出されるのかは、一般的な人間観察に基づく想像だけでは描ききれない。その点で、二十歳とちょっとの、まだ山田風太郎になっていない山田誠也《せいや》青年が描きとる情景は、私には真に驚きであった。以下、拙著の核心部分を紹介してみる。[10]

幼くして父を亡くし、十五歳で母も亡くした山田誠也青年は、義父である叔父との生活に馴染まず、一九四二年夏に郷里但馬《たじま》を出奔、戦時下の首都東京で医学校入学を目標に三帖一間の勤労生活に入る。戦時下の日本で、こういう場合食べていくためにはどうすればいいか。国営の職業紹介所の指定で軍需工場に勤める他はない。それが沖《おき》電気であった。五反田のアパート三帖の間代十円、沖電気の月給は四十五円である。

のちに作家となるなど思いもおよばない、沖電気労働者にして医学専門学校受験生[11]の目は冷静である。誠也青年の独特の冷静さは、後世の読者の先入観を裏切るようなリアリティをもって、何気ない戦時の日常生活のひだを活写する。統制と物不足と動員に苦しむ戦時下日本の庶民、それは漠然たるイメージとして必ずしも間違いではない。しかしこのような常識には、「どのように」という問いが欠けている。どのように、そうだったのか。この問いを欠く歴史像は貧しい。誠也青年の記録は、私たちに「どのように」という奥行きをもたらす。それによって「戦時」は抽象的な概念ではなくなるのである。

たとえば一九四二年十二月二十九日（つまり正月を控えた仕事納めの日）の工場では、「出入りする数千人の女工員の中に、水も垂れるような島田が少なからず」目について、風太郎青年を驚かせている。この年の六月に日本海軍はミッドウェー海戦で大敗し、八月には米軍がガダルカナル島に上陸、反攻を開始している。十二月に大本営はガダルカナル島の撤退を決定していた。その方針転換をもちろん庶民は知らないが、ガダルカナルが大苦戦であることは知られており、次に述べるように庶民は固唾《かたず》をのんで見守っていた。それでも正月は正月なのである。若い女性は髪を島田に結い上げるのだ。

あるいは翌一九四三年二月には、海軍兵学校を卒業して艦上勤務の親友と久方ぶりに再会する。小柄で痩せた山田誠也青年、職場でも馬鹿話の輪に加わるでもない文学青年、哲学青年山田誠也の大親友が、快活な海兵出の軍人であるのも面白いが、二人はこのとき、真っ白なテーブルクロスが眼に痛いグリルで、「本格的な洋食」をとることが可能だったのである。

あげればキリがないディテールの見事さの中でも、私にとって『虫けら日記』のハイライトは次の部分だ。

一九四三年一月二十四日のことである。ガダルカナルの死闘（それが死闘であることを国民が知っていたのは日記前日の記述でもわかる）が続いているこの日、誠也青年をはじめとする沖電気「ねじ」係の数人は、下請けである常磐《ときわ》工業の親父さんから家に招かれ、ご馳走にあずかる。これは職場の同僚の言を借りれば「一種のワイロ」である。なぜか。

当時の材料不足は深刻であり、風太郎青年の係が担当する「ねじ」も、材料の真鍮《しんちゅう》の丸棒が全然入らないため、組立工場がどんどん取りに来るのに製造は停頓状態で頭痛鉢巻きという状態であった。下請けに出す場合ふつうは材料支給でやらせるのだが、材料が調達できないため、しばらく下請けには材料立て替えで納入させる。沖電気のような軍監理の大工場だとヤミで材料を入れるわけにはいかないが、小さな下請けになればヤミで融通が可能だからだ。しかし立て替えさせた材料の支給はお先真っ暗である。立て替え分を金で払うのは、下請けが高いヤミ価格で買った材料代を安い公定価格で払うことになる。やむなく、当分は材料持ちでやれる下請けにだけ仕事を出せという話になる。これは誠也青年に言わせれば、「自分たちには忍び得ない命令」だ。常磐工業などの下請けは、本当は材料持ちではやれないのだが、上得意たる沖電気の信頼をつなぎ止めるために、ずいぶん無理して材料立て替えで納入してきたからである。「一種のワイロ」の背景にはそういう事情があったのだ。明るい灯のついた六畳の座敷で、もてなす常磐の細君は、冗談の中にくり返し「どうかお見捨てなく」というのである。

誠也青年の記述は、当時の軍監理工場（沖電気）と下請け（常磐）の関係を端的に物語っていて、それだけでも興味を引かれるが、それはここでの本題ではない。注目したいのは、食後の菓子を食いながらの会話の描写だ。話の行く先はやはりガダルカナル戦になってしまう。

「負けやしませんでしょうねえ、負けやしませんでしょうねえ」と自分たちの顔をうかがう常磐のおかみさんは、やがて何か確信するところがあったらしく、「ええ、きっと勝ちます。勝ちますともさ」と最後に唾を飛ばしていい切った。そしてこのおかみさんの表情の推移は、そのまま一座の空気の反映であった。

庶民は大本営発表を鵜呑みにしていたわけではなかった。どこからどう洩れてくるのか、真偽定かではない情報を胸中に積もらせ、信じるも否定するも論理的な根拠など持たぬまま、猜疑心を押し殺して日々を暮らしている。たまさかの集まりで、不安を小出しにその場の空気をうかがう。もちろん誰かが安心立命を保障してくれるわけではないから、自ら根拠のない断定で振り払うほかない。「ええ、きっと勝ちます。勝ちますともさ」、そのようにして創り出される同調を糧に、とりあえず明日も生きていくのである。

私は旧著に、「その時々の戦局を日本の庶民がどのように受け止めていたかについての、これはちょっと類を見ないほど見事な描写である」と書いている。誠也青年の人間理解に「圧倒されるほかないではないか」とも書いた。そして戦争はそのような庶民の同調に支えられて続いていたのである。そのとき、青年山田誠也の冷静な目は、最後の一線で庶民の側にあったのだ。それこそ私たちが「日記」にリアリティを感じる根拠である。

このような日常への目がこの日記を比類のないものとしているのは言うまでもない。しかし忘れてはならないのは、その目が常に日常の裏側をも重ね合わせて見ていることだ。たとえば『不戦日記』の昭和二十年七月三日には、「一日二合三勺の配給米。今後その一割を減らすむね政府発表」とあるが、すぐ続けて「国民に与うる影響或いは沖縄喪失以上か」と記述している。

あるいは、同年の七月二十八日には、厨川白村《くりやがわはくそん》『象牙の塔を出て』の読後感の中で、「日本人が宣伝運動に拙だったと評した人があるが、思想のない者が何を宣伝するのであろうか。宣伝しようにも宣伝する思想がないではないか」との言に深く同意して、次のように書く。「然り。八紘一宇、何ぞ他民族に対して不可解の理想なるや。日本人たる余にもよく分からず。況んや他民族をして信ぜしむるをや」

これを日本の戦時思想への批判ととらえたい向きもあるだろうが、だとすると、それにすぐ続けて書かれた次の文章は何なのか。「ただし、理想の旗の文句はどうでもよし。要は力なり、武力なり。これ本次大戦により吾らが得たる悲痛なる最大の真理なり」

これらの言辞は表裏のものとして考えた方がいいのではないか。そうすると、八紘一宇への批判も、当時陰では語られていたことと理解できる。

もう一例引いておく。山田は厨川白村の第一次大戦評、すなわちヨーロッパ人は人命と財貨を費やして徹底的に敵をたたきのめすまで戦った、それに引きかえ日本人の戦争は、日露戦争に見られるように中途半端であるという議論に賛意を表しつつ、同時に「日本は――誓う、この戦いはまさしく最後の一兵まで戦うべし。この白村の評の絶対当たらざることを余は祈る」とも書いているのだ。

八紘一宇が他民族に理解可能な理想なのか、信ぜしむることが可能なのかと問う精神が、同時に「最後の一兵まで戦うべし」という信念を語っている。このような批判精神と信念は、当時の知識層に普通に合わせ持たれていたことのように思われる。合理性と非合理性は誰の中にも共存している。日本の「戦後」はそのような精神と信念が背中合わせであることを全否定した。ある状況の下では誰もが語ったであろう信念を、特殊なものとして排除することで、戦時の庶民生活の実相を不可視のものにしたのではないか。

山田誠也青年の類い稀な観察によって、私たちはあらためてそのことを理解した。日記が公刊されたのは敗戦後四半世紀を経てからである。それだけの時間を要して、私たちは驚きをもってあたりまえの事実を認識できるようになったのかもしれない。

## 五 「戦後」を生きる

多くの人は、山田風太郎の戦中日記に、リアルな現実認識、現実を見る冷静な目を発見し、それを称揚するのだろう。それはそれで間違いではないと思うが、しかしここに興味深い一つの問題が見落とされているように思われる。戦時日記の中の山田誠也青年、のちに多くの人を感嘆させたが、しかしまだ風太郎ではない山田誠也は、その目と精神を持ったまま戦後を生きたのである。焼け跡となり、やがて闇市が猖獗《しょうけつ》を極める占領下の東京を歩き廻り、医学専門学校に通い、劣悪極まる鉄道事情の中を郷里と往復し、やがて探偵小説を書きはじめ、インターンまで勤めながら医師国家試験を受けず、専業の作家になる。もちろん、それらを日記に認《したた》めながらである。そして一九五八年から、忍法帖を書きはじめる。

探偵小説と忍法帖を身過ぎ世過ぎのためだの世を忍ぶ仮の姿だのと考えるのでない限り、そこにも現実を見る冷静な目があるはずではないか。読書人が広く受け容れ、高く評価した幕末維新もの、明治ものは、多くの日本人にとってもはや「戦後」ではなくなった時代に書かれたものだ。直接に連続する回路を想定するなら、戦中日記と直結すべきは探偵小説、忍法帖である。私たちが日記と遭遇するのはずっと後だが、戦中日記の目と精神に直接につながる時間に書かれたのは、探偵小説と忍法帖だ。

そのように考えたとき、注目に値するのが平岡正明の戦時日記に対する評価だ。平岡は『現代の眼』の「著者への手紙」という書評欄で『戦中派不戦日記』を取りあげている。[12] 一九七一年の四月号だから、日記刊行後すぐに読んで原稿を書いたことになる。私は最近になって知ったのだが、風太郎日記評の白眉だと思う。

なぜか。恐らく平岡のみが、忍法帖から『不戦日記』という回路で山田風太郎にアプローチしているからである。「著者への手紙」によれば、平岡はその二年前に（ということは『不戦日記』が世に出る二年前だ）山田風太郎に会いに行き、忍法帖について論じ合っている。

平岡が好むのは『外道《げどう》忍法帖』『魔天忍法帖』などの「結構に破綻のきたした諸作品」であり、

それに山田が意外だと応じたなどは、読んでいなかった私には何のことかわからない。また、平岡のいう忍法帖の「思想性」も雰囲気としては分かるが、私には上手く説明できない。推測するに、自身について「「戦後思想」といわれるものの批判者の側に立つことになる星のもとに生まれた男」と書く平岡にとって、忍法帖の「思想性」と反「戦後思想」は同義なのだろう。

「余の遺書はただ一つ「無葬式」」という引用からはじめる平岡は、昭和二十年に二十二歳の男（平岡は♂22と表記しているからオスと書くべきか）として、ホトケになる危険が大であったこと、それが風太郎というペンネームに韜晦《とうかい》したことと関係していることを指摘する。『不戦日記』が出たばかりでの発言であることに注目したい。

「歴史を記録する意志の権化たる司馬遷に仮託された武田泰淳『史記の世界』を想定しながら」読み進めたと書く平岡の読み方は、山田誠也が戦後を生きる中で、作家山田風太郎になったという事実を組み込んで『不戦日記』を読む方法になっていると考えられる。それは次のような読みに現れているのではないか。すなわち平岡は、ホトケになる危険の中で「この死に辛くも一矢を酬《むく》いる法はなんぞ。そはあのイヤな解剖台上にのりて、学友の群に解剖させることなり」（一月二十一日）と書かれた記述に注目し、「山田風太郎における、手弁当の実存主義、手弁当の超現実主義、あるいは疑似科学のかたちを借りた忍法帖の起点となざしたい」と読むのである。

私はそのような平岡の読みに倣って、たとえば次のような日記の記述を付け加えてみたい誘惑にかられる。連日の空襲の中でも、医学生には試験がある。試験中に空襲があったらどうなるかと学校に談判した彼らは、その場合は無試験合格とするという言質を得たらしい。はたして誠也青年が絶望していた数学の試験日、数日ご無沙汰の空襲警報が朝から鳴り響き、「わがあごゆるまずんばあらず」「朝飯を食いつつも笑」ってしまい、下宿先の奥さんに叱られる始末だ。あげく、「大東亜戦争は余のこの日のために勃発したるにあらずやと感涙にむせぶ」とまで筆を滑らせている。

これを引くのは、戦時の生活を描くのに非本質的なことだろうか。だが私は重ねて、『魔群の通過』の、これも一見バカバカしい挿話を思い出す。長途の行軍による疲労の中で、天狗党の一行に漲《みなぎ》る殺伐とした空気を解消すべく、大井《おおい》の宿で盛大に女郎買いが解禁される。獣の集団と化して先を争う武士や浪人の隊士は、「百姓は遠慮せい！　この次の宿にせい！」と血相変えて怒鳴り出すのだ。私は「この次の宿にせい！」というところで、思わず吹き出してしまった。

人はどれほど馬鹿げた行動をするものか。それを描いた小説はいくらもあるが、私から見ると、山田風太郎は倫理や規範の問題も、ほとんど人体のメカニズムの問題のように描いている。それは、死に一矢を酬いる方法として、解剖台の上で自身を学友に解剖させることだと書いた医学生山田の視線と通じるように思える。平岡正明のいう手弁当の実存主義とはそのようなものではないだろうか。[13]

「戦後」を生きたことを介して戦時日記を読むという行為の、もう一方の視点が中井英夫だ。先に触れたように、二人の戦時日記は奇しくも一九七一年という同じ年に私たちの目の前に出現した。これは本稿の立場からはかなり暗示的である。

そもそも二人は同い年、一九二二年の生まれである。山田は早生まれだから学年は違っており、この世代の人にとって一学年の違いは重要だが、ここでは無視しておく。比較的裕福な幼年時代を過ごしたこと、母親への異様に強い思慕とその死による喪失感を隠していないことも共通している。正直に言って私などの理解を絶する母への思い（というか執着）は、それぞれの父親との関係が影響している。中井の場合は父への強い憎悪が、そして山田誠也の場合は、実父の死後、母が再婚した叔父（父の弟）とのぎくしゃくした関係である。

しかしそれらのことは単に指摘するにとどめたい。歴史家の精神分析は精神科医が書く歴史よりずっと危なっかしいとは、故人となったさる政治学者の言である。心理について語るなら、むしろ山田と中井の戦中日記が、互いに響き合うものであってほしいという私たちの心理を問題にした方がいいのではないか。とりわけ、両者が軍隊や戦争や戦時体制に批判的であることを強調したい立場からはそうだろう。しかしすでに見たように、山田の執拗なへりくだりとそれに対する中井の不満という問題がある。

私は最終的には、両者は暗黙の了解に達していたと考えるが、そう主張するにはそれなりの手続がいるだろう。

「彼方より」にはいくつか版があるが、[14]このうち、増補新装版（潮出版社）には「巻末小記」が付されており、戦中日記としての「彼方より」の自註となっている。少し長くなるが最初の部分を引用しておこう。

『彼方より』はひとつの妄想に育まれ、妄想の中に生まれた。というのはこれを書く前、旧制中学から高校にかけての私は、眥を決するといった勢いで「オレの眼の玉の黒いうちに、必ず大日本帝国陸海軍なるものを消滅してみせる」と誓い、身近かな人間には憚らず公言していたからである。戦争が終って、すぐ上の兄から「お前のいうとおりになったな」と囁くようにいわれたとき、初めて私は愕然とした。私の決意には予言者の叡智も思想家の洞察も初めからありはしない。ただただ職業軍人の無知と傲慢さとが生理的に堪えがたかった、まったくそれだけの理由に拠っていたので、それこそなんという無知と傲慢さだったことだろう。しかし私はこの妄想を信じきっていたし、海軍はともかく、大日本帝国陸軍なるものが近い将来に雲散霧消することを一度も疑ったことはなかった。哀れというも愚かな話である。私を支えていたのは、ただ強烈な憎しみの他にはなかったのだから。

**中井英夫『彼方より 戦中日記・初期詩編』**（潮出版社、1974年）

中井は、多くの戦中派がいつの間にか「きけ、わだつみの声」式の痛みで自分の痛みを代用させてしまっていることに違和感を表明する。もう少しダメでだらしなく、口笛を吹きながら下駄をひきずって歩いていたのが若者の実情であり、ソ連参戦の報に「これやでェ」と両手をあげてみせれば、前線で戦ってきた兵士たちでさえ笑ったのだという。私たちにとってはリアルで貴重な証言だが、それは戦後三十年を経ての自註の世界である。帝国陸軍への生理的な嫌悪感で書かれた戦中日記は、たとえば次のように綴られている。昭和十九年九月二十一日の項である。

少年航空兵なんてやつぱり単純なもので、新聞を見て、功六を貰つたな、二階級特進だな、バンだな、なんぞといつてゐる。あんな玩具がうれしいし、階級があがればうれしいのかと、ハタでみてゐるとおかしいが、まあかういふのが沢山ゐて死にたがるからどうにか日本ももつてゐるのだと、――要は彼らにただ黙つて死なせることだ。なんの権利も与へぬことだ。（昨日、航空記念日か何かで、新聞に、六人B29体当りの写真入り）

単行本化された『彼方より』には各所に戦後の解説のようなものが加えられているが、右の記述には次のように註記されている。「このいい方は、いま書き写しながらも不愉快である。この少年航空兵は、水戸からたまたま一緒に配属になった肥田兵長で、きびきびと背すじの伸びた紅顔の美少年だった。その彼をも職業軍人として見ていたのかと思うと、心の狭さが情けないが、ともかくもこのとき、私は軍人を憎むことにけんめいだったのである」

あるいは、「戦場」という標題が附された昭和二十年四月四日の項はどうか。この日、中井は防空壕の中で、Oという少年兵の腰に手を回し、力いっぱい抱きしめ、甘えてよりかかる少年兵と「小声で囁き、甘い笑ひを交した」のである。そのとき、壕の外では爆弾の炸裂音とB29の爆音が交差し、新宿の方の空は真っ赤なのだ。[15]

この日の空襲は小数機ずつ侵入して間断なく投弾するので、防空壕から出ることもできず、山田誠也にとっては「小便もする能わず、今までの空襲の中、最も閉口す」というものだったらしい。

いずれにしても、中井英夫が戦後の註記を付して日記を公刊してくれたことを、私はありがたいと思う。帝国陸海軍への憎悪のままに放置しなかったのは、戦後的価値観への違和感の表明でもあるだろう。しかしそれ以上に、戦後の註記こそは、中井や山田の戦中日記が四半世紀を経て公開されたこと、私たちがそれだけの時間を経て読むことに自覚的であるべきことを促すものである。まかり間違っても、中井の帝国陸軍憎悪に反戦思想を見出そうなどとしないことである。

同時に、そのような「戦後」意識を介してのみ、私たちは山田と中井の戦中日記をつなぐ糸を認めることができるだろう。山田風太郎『焼け跡日記』から一か所だけ引いておく。昭和二十一年十月二十日の新宿の情景である。

進駐兵四、五人入りて、女店員の髪をいじりて何か買い物す。敗戦の悲しさ余あとに退いてこれを待つ。女の子ら、毒々しき唇よりプリイズとかO・Kとかを乱発し、媚をふくんで応対す。苦笑といわんより彼女らの心情を憐まざるを得ざるなり。

これを戦後社会への批判と読んでも構わない。しかし山田も中井も、そのような戦後を生きていたのである。もちろん霞を食ってではない。やがて山田誠也は山田風太郎となり、探偵小説を書き、さらに忍法帖を書き続けた。私たちは、彼らがそのように戦後を生きてきた結果として、『彼方より』や『不戦日記』や『虫けら日記』の公刊があったことを考えるべきなのだ。

## 小括――「戦後」を読むという行為

本書の最後がなぜ山田風太郎なのか。なぜ風太郎の戦中日記が「戦後」を考え直す起点になるのか。私は過去を可能な限りその時代の感覚に即して見る努力をしたいと思う。歴史を自覚的に見ようとするなら、誰でもそうかもしれない。同時代についても同様である。同時代なら分かるというものではない。近い過去であろうと、時間を距てて見る方法を開発するほかないのである。

私は先に、単行本『彼方より』に付された「巻末小記」を、戦後三十年近くを経て書かれた中井の自註であると書いた。『彼方より』はそれをも含めて読むべきであると思う。本稿では山田風太郎や中井英夫の戦中日記を、そのまま過去をリアルな目で記述した記録として読む態度を排した。なぜなら、刊行物としてそれらの著作に遭遇したこと自体が、私の歴史的体験を意味するからである。一九七〇年代はじめにそれらを読む前提に、一定の歴史的文脈が含まれるのだ。だから、それらが書かれたときから刊行されたときまでの時間を織り込んで読む方法を開発しようとした。もちろんそんな上手い方法が簡単に見つかる訳はない。私たちは中井の自註に代わるものを自分で創るしかないのである。

山田風太郎だけではない、無数の生きられた「戦後」がある。たとえば『不戦日記』や『彼方より』が登場した頃、知識人の間では一種の（今となっては「一瞬の」かもしれない）終末論ブームがあった。みんなもう忘れたかもしれないが、『終末から』という雑誌すらあった（筑摩書房）。それに先立つ、焼け跡・闇市派ブームというものもあった。野坂昭如や五木寛之らの担い手は、山田や中井より少し下の世代だ。

ブームの中の焼け跡・闇市体験は、当時の騒ぎのわりには、そして当事者が売れっ子の書き手であったわりには、歴史的体験の遺産になっていない。おそらくは、ブームの当事者であるメディアと書き手が、時間的な距離の測定を誤ったからだろう。いま評価が残っているとすれば野坂の「火《ほ》垂《た》るの墓」だろうが、私から見れば間違いの代表のようなものである。性を描いて世に出た野坂昭如の代表作がなぜ「火垂るの墓」なのか私には理解できない[16]。

丁寧に調べたわけではないが、山田風太郎や中井英夫は、焼け跡・闇市派ブームにあまり反応しなかったのではないか。はじめにふれたように、私が『不戦日記』に孤絶して立つ印象を持ったのは、そのことと関係があるかもしれない。ブームの時期に山田風太郎は何をしていたか。探偵小説を、そして忍法帖を書いていたのだ。そして戦中日記を公刊した。

忍法帖から『不戦日記』へという解読の回路を発見した平岡正明は、読み手である自身と対象との距離に自覚的であったと思う。その意味で評価に値するのである。けれどもそんな話は、いまやたくさんの注釈を付けなければ、多くの人には理解不可能だろう。かつて存在した「戦後」を語る行為の自明の枠組みが、いまや風前の灯なのである。

自明の枠組みの解体は、イデオロギーが消滅し、「事実」の手ざわりが回復したことを意味するのだろうか。だがそれにしては、そもそも多様であった「戦後」の相貌は、それぞれの輪郭が溶解し、ますます共通了解のもとでの議論を困難にしている。

若い世代にとって、昭和も大正も明治も同じようにリアルなイメージが持てないという意味なら、「戦後」は完全な歴史になったということだろう。それはつまり、新たな読み取りの技法が開発されなければならないということである。本書はさしあたり、「私」に戻ったところからはじめた、そのささやかな試みである。

【註】

1 うるさいことを言えば、私の場合、一九四五年七月十九日の生まれだから、爪の先のアカくらいは「戦中」だ。付け加えれば、私は北京生まれだから引き揚げ経験者である。「経験」はもちろん両親のものであり、ゼロ歳児には意味はないが、しかしクラスの中に数人は「外地」からの引き揚げ者がおり、小学校時代にはまだあったラジオの「尋ね人」の時間に聞こえてくる、ハルビンだの奉天だのといった地名にうっすらと近しさのようなものを感じたのは、両親(基本的に母親)から聞かされる引き揚げの苦労話と相まって、疑似引き揚げ体験のようなものを形成したかもしれない。

2 『戦中派不戦日記』(番町書房、一九七一年)。以下、公刊された戦中・戦後日記の各版については本章扉裏の書誌を参照。

3 その頃の日本ではサッカーは超マイナースポーツであり、私の高校入学の三年後に開催が決まっていた東京オリンピックに向けて、西ドイツから伝説の名コーチ、デットマール・クラマーを招いて代表チームの強化がはじまった頃だ。良い成績をとるための強化ではなく、悲惨な結果で恥をかかないための強化である。私たちが観た西ドイツ代表(といってもアマチュアチームだ)との強化親善試合の会場は、まだ存在していた後楽園競輪場だった。なぜ競輪場かといえば、トラック内側にいちおう芝が張ってあったからだ。そんな時代の、しかも高校の全国大会で東京代表は一回戦ボーイだった時代の、公立進学校のサッカー部だ。マイナーの三乗みたいなものだから、私がサッカー部員だったからといってご心配にはおよばない。

4　一橋サッカー部の後輩に石原慎太郎がいたという。

5　ただし、そう書いて終わりにするとかなり単調な話になってしまう。人類初の宇宙飛行士への賞賛は、別に進歩的文化人の専売ではなかった。中学三年の時に友人に誘われて見に行った「のっぽ物語」というアメリカ映画を思い出す。他愛もないロマンチック・コメディなのだが、長身俳優のアンソニー・パーキンスがエース役を演じる大学バスケットボールチームが、訪米中のソ連の大学チームと親善試合をするというエピソードがミソだ。ソ連チームの入場を迎えるアメリカの大学生達は、「ウェルカム・スプートニク」というプラカードだったか横断幕だったかを掲げていたのである。単純な思考の日本の中学生は、彼らのフランクな態度に感じ入ったものだ。前年の一九五九年にはフルシチョフがアメリカを訪問するという、「雪解け」時代である。その裏側に収容所群島をイメージする想像力など持ち合わせるわけもなかった。

6　坂野潤治『明治憲法体制の確立』（東京大学出版会、一九七一年）。以下専門家には余計なことだが、政党政治への制約としか見られていなかった明治憲法（大日本帝国憲法）のもとで、政党勢力がいかに権力の中枢に進出したかを明らかにし、近代日本政治史の既成の枠組みを根底から覆した画期的著作である。

7　中井はこの時、私たちより後から店に入ってきたのだが、一緒にいた人物と、試写か何かで見てきたばかりのコッポラの「地獄の黙示録」について話していた。噂されているほどの大傑作ではないという趣旨の感想を述べていたのを記憶している。私が中井英夫に会ったのはこのときだけだ。そして「地獄の黙示録」の日本一般公開は一九八〇年の三月である。新宿のバーで私が中井とやり取りしたのがこの年であるのは間違いない。もう一つつまらぬエピソードを付け加えると、中井はこのとき出たばかりの雑誌『特選街』を持っていて、どんなものかと思って買ってみたけど大したものじゃないねと言っていた。『特選街』の創刊は一九七九年である。中井英夫の貴族趣味はそんなものかと意外感があったので、このことを覚えている。しかしいつ頃風太郎日記への執着が芽生えたかについては、私の記憶が怪しかったことは認めざるを得ない。

8 新保博久「乱歩・風太郎交歓魔界図鑑」『別冊太陽一九八 山田風太郎』（平凡社、二〇一二年八月）。

9 手紙本文の写真が紹介されており、全文を読むことができる。文藝春秋社の四〇〇字詰め原稿用紙二枚にペン書き。

10 有馬学『日本の歴史23 帝国の昭和』（講談社学術文庫、二〇一〇年）、三五二～三五五頁。

11 『虫けら日記』は医専を志望する勤労青年の日記であり、医学生としての生活は『不戦日記』で描かれる。

12 『現代の眼』は、言ってみれば商業雑誌として店頭に並ぶ新左翼系の総合誌みたいなものだ。そんな変なものが当時はあったのだ。総会屋が税金対策に出している雑誌だという噂話は、私のような青二才にも聞こえていたが、知人が連載を書いたりしたこともあって、私は割と頻繁に見ていた。しかし本文で取りあげる平岡の書評を読んだ記憶はない。残念ながらそれを目に留めるには、私自身が幼稚だったのだと思う。

13 そのように考えると、平岡が手弁当の実存主義と疑似科学を並べているのは興味深い。先に挙げた奇っ怪な忍法としての千両箱へのもぐり込みについていえば、山田風太郎はそれが可能かどうか、風呂の湯の増減で自身の体積を量って確認？したという有名なエピソードがある。私にはそれが解剖実習の延長のように思えるのだ。

14 はじめ雑誌『海』（一九七一年四月号）に掲載され、その後『中井英夫初期作品集』（深夜叢書社、一九七一年九月）に「戦前詩編」「戦後小説」とともに「戦中日記」として収録、さらに増補新装版『彼方より 戦中日記・初期詩編』（潮出版社、一九七四年九月）、『中井英夫全集8 彼方より』（創元ライブラリ、一九九八年四月、「黒鳥館戦後日記」「続・黒鳥館戦後日記」が加えられている）、『中井英夫戦中日記 彼方より 完全版』（河出書房新社、二〇〇五年六月）が刊行されている。

15 この項に対する註記は、「Oは軍属だった通信手で、十月から新兵として勤務していた色白の美少年だが、戦場という題ともども如何かとおもわれる」というものである。この註記は笑いながら読んでいいものだろうか。そりゃ私だって如何かとは思うが。

16　念のために断っておくが、私は野坂にかなり入れ込んで読んだ読者である。しかしいつの間にか「火垂るの墓」が代表作扱いされるようになったことには合点がいかない。野坂も山田風太郎のように、「性」を描いて世に出たのだ。デビュー作である『エロ事師たち』（一九六三年）も、エロ・グロの大御所のような梅原北明を描いた『好色の魂』（一九六八年）もなかったかのようになっているのはなぜだろうか。山田風太郎の幕末維新ものや明治ものが多くの識者の好評を博するようになったからといって、風太郎忍法帖が顧みられなくなったという話は聞かない。

# 引用・参考文献

各章で主題とした著作（すなわち書誌で記述したもの）は略す。
著者名の五十音順

## 序章


石黒浩『ロボットと人間――人とは何か』（岩波新書、二〇二一年）
中村隆英『昭和史』下（東洋経済新報社、一九九三年／文庫版、二〇一二年他）
福沢諭吉『文明論之概略』（原著、一八七五年／岩波文庫、一九九五年）
米本昌平『叢書　死の文化4　遺伝管理社会――ナチスと近未来』（弘文堂、一九八九年）


## 第一章


有馬学「戦前の中の戦後と戦後の中の戦前」近代日本研究会編『年報・近代日本研究10　近代日本研究の検討と課題』（山川出版社、一九八八年）
有馬学『日本の歴史23　帝国の昭和』（講談社、二〇〇二年／講談社学術文庫、二〇一〇年）
井深大「私の履歴書」（『私の履歴書　経済人6』日本経済新聞社、一九八〇年）
今井誉次郎『農村社会科カリキュラムの実践』（牧書店、一九五〇年）
今井誉次郎『村に生きる教師』（国土社、一九五三年）
上原専録他「生活綴方運動の問題点」（『思想の科学』第四号、一九五四年八月号）

大内裕和「隠蔽された記憶――国民学校の〈近代〉」(『現代思想』一九九五年一月号)
大木顕一郎・清水孝治『綴方教室』(中央公論社、一九三七年)〔著者名は初版の表示に従う〕
小川太郎・国分一太郎編『生活綴方的教育法』(明治図書出版、一九五五年)
菅忠道・砂田弘『「プロレタリア児童文学」をめぐって』(『日本児童文学』一九七一年十一月号)
久野収・鶴見俊輔『現代日本の思想――その五つの渦』(岩波新書、一九五六年)
国分一太郎『戦地の子供』(中央公論社、一九四〇年)
国分一太郎「今井誉次郎と生活綴方運動」(『日本児童文学』一九七八年三月号)
国分一太郎『小学教師たちの有罪――回想・生活綴方事件』(みすず書房、一九八四年)
さがわみちお(寒川道夫)編著『大関松三郎詩集　山芋』増補改訂版(百合出版、一九五三年/講談社文庫、一九七九年)
寒川道夫「教室のプロレタリア児童文学」(『日本児童文学』一九七一年十一月号)
武田徹『ミネルヴァ日本評伝選　井深大――生活に革命を』(ミネルヴァ書房、二〇一八年)
太郎良信『「山芋」の真実――寒川道夫の教育実践を再検討する』(教育史料出版会、一九九六年)
筒井武文「ヌーヴェル・ヴァーグとしての岩波映画――羽仁進作品を中心に」(丹羽美之・吉見俊哉編『記録映画アーカイブ1　岩波映画の1億フレーム』東京大学出版会、二〇一二年)
中村秀之「暁にあうまで――「岩波映画」と〈眼〉の社会的創造」(同右『岩波映画の1億フレーム』所収)
滑川道夫『少国民詩集　御民われら』(講談社、一九四二年)
滑川道夫「今井君と児童文学」(『日本児童文学』一九七八年三月号)
野口茂夫『教育の天』(東陽閣、一九四一年)
長谷健・今井誉次郎編『先生の童話　五・六年生』(四海書房、一九四二年)
宮崎県議会史編さん委員会編『宮崎県議会史』第九輯(宮崎県議会事務局、一九六九年)

無着成恭編『山びこ学校――山形県山元村中学校生徒の生活記録』(青銅社、一九五一年/岩波文庫、一九九五年)
吉原順平『日本短編映像史――文化映画・教育映画・産業映画』(岩波書店、二〇一一年)

## 第二章

有馬学『日本の近代4 「国際化」の中の帝国日本 1905〜1924』(中央公論新社、一九九九年/中公文庫、二〇一三年)
木下半治『日本の右翼』(要書房、一九五三年)
木村一信編『南方徴用作家叢書11 ジャワ篇』(龍渓書舎、一九九六年)
佐藤秀明編『三島由紀夫スポーツ論集』(岩波文庫、二〇一九年)
鈴木貴宇『〈サラリーマン〉の文化史 あるいは「家族」と「安定」の近現代史』(青弓社、二〇二二年)
中野朗『変奇館の主人――山口瞳評伝・書誌』(響文社、一九九九年)
仁科悟朗「満州国の建設者――石原莞爾・浅原健三」(思想の科学研究会編『共同研究 転向』下、平凡社、一九六二年/『共同研究 転向』5〔戦後篇 上〕平凡社東洋文庫、二〇一三年)
藤原弘達『現代日本の政治意識』(創文社、一九五八年)
松田利彦『東亜聯盟運動と朝鮮・朝鮮人――日中戦争期における植民地帝国日本の断面』(有志舎、二〇一五年)
むのたけじ『雪と足と』(文藝春秋新社、一九六四年)
むのたけじ「ヨーロッパで考える」(『暮しの手帖』70、一九八一年一月二日)
山口治子「山口瞳のラブレター」(『中央公論』一九九六年八月号)
山口瞳『血族』(文藝春秋、一九七九年/文春文庫、一九八二年他)

『秋田魁新報』
『週刊たいまつ　復刻版』全五巻（不二出版、二〇一八年）
『中央学院大学所蔵　初期「公安調査月報」復刻版』全三八巻（柏書房、二〇〇六〜〇九年）
『洋酒天国』38号（洋酒天国社、一九五九年七月二十五日）

## 第三章

（花森安治の著作をまとめたものは何種類も出ているが、それらは除く）
有馬学『日本の歴史23　帝国の昭和』（講談社、二〇〇二年／講談社学術文庫、二〇一〇年）
大空社編集部編『戦時下標語集』（大空社、二〇〇〇年）
唐澤平吉『花森安治の編集室』（晶文社、一九九七年／文春文庫、二〇一六年）
河合秀和・古谷綱正「花森安治は〝暮し〟を変えたか」（『諸君！』一九七八年四月号）
酒井寛『花森安治の仕事』（朝日新聞社、一九八八年／朝日文庫、一九九二年／暮しの手帖社、二〇一一年）
嶋田厚・津金澤聡廣編『プレスアルト　復刻版』全三巻＋別巻CD－ROM（柏書房、一九九六年）
杉森久英「花森安治における青春と戦争」（『中央公論』一九七八年六月号）
津野海太郎『花森安治伝——日本の暮しを変えた男』（新潮社、二〇一三年／新潮文庫、二〇一六年）
難波功士『撃ちてし止まむ——太平洋戦争と広告の技術者たち』（講談社選書メチエ、一九九八年）
馬場マコト『戦争と広告』（白水社、二〇一〇年／潮文庫、二〇一八年）
馬場マコト『花森安治の青春』（白水社、二〇一一年／潮文庫、二〇一六年）
山名文夫『体験的デザイン史』（ダヴィッド社、一九七六年／新装復刻版、誠文堂新光社、二〇一五）
山名文夫・今泉武治・新井静一郎編『戦争と宣伝技術者——報道技術研究会の記録』（ダヴィッド社、一九七八年）

『花森安治選集』1〜3（暮しの手帖社、二〇二〇年）
『花森安治――美しい「暮し」の創始者』（文藝別冊KAWADE夢ムック、河出書房新社、二〇一一年）

## 第四章

井原高忠『元祖テレビ屋大奮戦！』（文藝春秋、一九八三年）
小林信彦責任編集『テレビの黄金時代』（キネマ旬報別冊、一九八三年／復刻版、一九八七年）〔同じタイトルだが本文で取りあげた文藝春秋刊行のものとは別物。文藝春秋版は純然たる回想録であるが、これは井原高忠、ハナ肇、植木等のインタビュー、谷啓を中心とする座談会、小林による関連資料のスクラップなどからなる資料集である〕
今野勉『テレビの青春』（NTT出版、二〇〇九年）
佐藤卓己『日本の〈現代〉14　テレビ的教養――一億総博知化への系譜』（NTT出版、二〇〇八年／岩波現代文庫、二〇一九年）
竹山昭子『ラジオの時代――ラジオは茶の間の主役だった』（世界思想社、二〇〇二年）
日本放送協会放送史編修室編『日本放送史』上・下・別巻（日本放送出版協会、一九六五年）
吉川洋『20世紀の日本6　高度成長――日本を変えた6000日』（読売新聞社、一九九七年／中公文庫、二〇一二年）
吉田直哉「記録映画との訣別状」（『記録映画』一九五八年九月号）
読売新聞芸能部編著『テレビ番組の40年』（日本放送出版協会、一九九四年）
和田勉「テレビ芸術論――テレビドラマは何を表現すべきか」（『映画評論』一九五八年九月号）

## 第五章

井上秀雄・長正統・秋定嘉和編著『セミナー日本と朝鮮の歴史』（東出版、一九七二年）
黒田勝弘「「北」もて余した林秀卿の「統一願望」」（『諸君！』一九八九年十月号）
関川夏央『海峡を越えたホームラン――祖国という名の異文化』（双葉社、一九八四年／双葉文庫、一九九七年他）
関川夏央『東京からきたナグネ――韓国的80年代史』（筑摩書房、一九八七年／ちくま文庫、一九八八年）
関川夏央「平壌で青年学生祭典を見た――常識的朝鮮観のすすめ」（『朝日ジャーナル』一九八九年八月四日）
関川夏央『退屈な迷宮――「北朝鮮」とは何だったのか』（新潮社、一九九二年／新潮文庫、一九九六年他）
関川夏央・西岡力「劇場都市・平壌を訪れて」（『現代コリア』一九九五年六月号）
関川夏央『「世界」とはいやなものである――極東発、世紀をまたぐ視線』（日本放送出版協会、二〇〇三年／集英社文庫、二〇〇六年）
吉田光男「日本における韓国中近世史研究教育基盤　大学・学会・研究工具」（『日韓歴史共同研究第一期報告書　第二分科〈中近世〉』、日韓文化交流基金、二〇一〇年）

## 第六章

石井信平「現代の肖像　徳大寺有恒（自動車評論家）孤独を生きる「クルマの神様」」（『ＡＥＲＡ』四〇、一九九九年九月二十七日）
加納明弘「輸出！　日本車はなぜ売れる」（「特集　経済戦争の最前線」『文藝春秋』一九八〇年二月号）
加納明弘・加納建太『お前の１９６０年代を、死ぬ前にしゃべっとけ！――肺がんで死にかけている団塊元東大全共闘頑固親父を団塊ジュニア・ハゲタカファンド勤務の息子がとことん聞き倒す！』（ポット出版、二〇一〇年）

清水草一「徳大寺有恒 自動車評論家――変革の書「間違いだらけのクルマ選び」」（「特別企画 だから日本はこうなった」『文藝春秋』二〇〇三年五月号）
徳大寺有恒『ぼくの日本自動車史――Old Japanese automobiles』（草思社、一九九三年／草思社文庫、二〇一一年）
松本謙次「車評論家・徳大寺有恒が覆面を脱いで以後……。」（『噂の真相』一九八七年七月）
三和良一・原朗編『近現代日本経済史要覧』（東京大学出版会、二〇〇七年）
「自動車評論家徳大寺有恒 クルマへの愛を超えた探求心」（『ふれあいケア』二一八、全国社会福祉協議会、一九九六年八月）

## 終章

有馬学『日本の歴史23 帝国の昭和』（講談社、二〇〇二年／講談社学術文庫、二〇一〇年）
中井英夫『中井英夫戦中日記 彼方より 完全版』（河出書房新社、二〇〇五年）
平岡正明「著者への手紙 山田風太郎著『戦中派不戦日記』」（『現代の眼』一九七一年四月号）
山田風太郎『魔群の通過』（光文社、一九七八年／ちくま文庫、二〇一一年他）
『別冊太陽一九八 山田風太郎』（平凡社、二〇一二年八月）

## あとがき

この本の主題、すなわち過去に読んだものの再読による「戦後」の再考というアイディアの萌芽は、古いメモを見ると二十年近く前にさかのぼる。はじめは「戦後」の再考にさほどのウェイトはなく、同時代に読んでいるものの史料性について考えていた。読んでいるうちに、後世の歴史家に是非とも推薦したいと思えてくる、同時代を映す本というものがあるのだ。

最初にそんな感想を抱かせたのが、徳大寺有恒『間違いだらけのクルマ選び』である。ただの思いつきといえばそれまでだが、そこで私が考えていたのは、いまとらえ直せば「歴史と現在」という主題であった。そして昭和二十年生まれの私がそんな本を並べていけば、自然に「戦後」の再考になってしまうわけだ。

最初から一冊の本にしようと考えていたわけではないので、このような形で実現するについては、いくつかの偶然が作用している。偶然の最大のものは、本書のもとになった原稿が、ある雑誌の連載という形をとったことである。これは右に述べた主題の萌芽について意識しはじめたときには考えもしなかったことだ。

あとで述べるが、本書は佐賀市で刊行されていた『隣り村』という同人誌（知らないでしょ？）に連載したものである。最初から、季刊誌として二年間で八冊を出して終わると思い切りよく宣言してはじまり、そのように終刊した雑誌である。私の思考のスタミナ切れから一回分落としてしまったが、ともかく二年間にわたって考え続けたのが本書の内容である。

偶然の産物として、二年間にわたって一つの主題について考え、書き続けるという経験を通して、自分でもはじめて気づき、確認したことがある。それは、「戦後」について考えようとするとき、私の思考の回路は憲法や平和主義からははじまらないということである。そして今、とりあえずそのように本書を閉じることに、私は自覚的である。それは自身が生きた「戦後」という時代を考えるとき、これからも憲法や平和主義については議論しないという意味ではない。しかし結果としてそうなったことを、いま否定するつもりもない。

そのような機会を与えられたことについて、謝辞を述べたい。このあとがきのいちばん大きな主題は、『隣り村』主宰者の八田《やつだ》千恵子さんへの感謝だ。身をよじるように嫌がっている八田さんの姿が目に浮かぶが、きびしい原稿取り立ての意趣返しだと思って我慢していただこう（たかが三か月に一度の締切で何を言ってるのかね、本当に）。

八田さんとの付き合いは長いがずっと濃密だったわけではない。妙な言い方だが、途中に長い中断があるからだ。初対面の時期ははっきりしていて、一九八八年である。そのころ佐賀新聞社に勤めていた八田さんに人を介して紹介され、『佐賀新聞に見る佐賀近代史年表』という本の書評を頼まれたのが最初だ。中身を見なければ、年表の書評？と思われるかもしれないが、これが面白い本なのだ。書評は分かりやすいと喜んでいただいたが、この話はそれで終わりで、その後長い間全く音信はなかった。

八田さんからの突然の連絡は、驚くべし、それから二十五年後だ。八田さんはその頃、佐賀にゆかりのある文学者や文化運動を主題に、個人で不定期刊の雑誌を刊行していた。もちろんそんなことは、連絡を受けたときはじめて知ったことである。その名を、『草茫々通信』という。こんな名前の雑誌から原稿依頼を受けて、あなたなら断れるか。『草茫々通信』、光栄の至りではないか。私はどんな依頼でも引き受けなければと思った。依頼を受けたのは特集「片島紀男の仕事」（『草茫々通信』六号、二〇一三年四月）で、「憑依するテレビドキュメンタリー――片島紀男の初期の方法」という文章を書いた。

片島紀男（故人）は私より五歳年長の、NHKの伝説的なドキュメンタリストである。なぜその人の特集が組まれたかというと、彼の初任地が佐賀放送局であり、その時代に八田さんと親交があったかららしい。私との縁はといえば、片島氏が福岡局に異動してから制作したドキュメンタリー「東條を倒せ　中野正剛と東方会」（一九八四年）に私が協力したことである。そのあたりのいきさつは話せば長くなるが、そんなことよりこの雑誌の特集が示す編集者八田千恵子の頭の中が問題である。

創刊号（二〇一〇年六月）が「三好十郎「峯の雪」」、第三号（二〇一一年十月）に「佐賀県の炭鉱と戦後文化運動」があり、第六号が「片島紀男の仕事」だ。その尋常ではないはね上がり方にすっかり毒気を抜かれた私は、命じられるままにその後三回ほど書かせてもらった。「歴史を知覚する回路――「老残」に見る宮地嘉六の戦後東京」（一一号、二〇一七年十二月）、「「ジョニーは銃をとった／ジョニーは戦場へ行った」の含意」（一四号、二〇二〇年十二月）、「加藤典洋『敗戦後論』を考え直す」（一五号、二〇二一年十一月）である。いずれも八田さんに言われなければ生涯書くことはなかった題材だと思う。

世に金銭欲や所有欲、権力欲に突き動かされる人はいるが、八田千恵子という人の場合は編集欲とでもいうべき内面の衝動があるのではないか。『草茫々通信』を終刊させたと思ったら、期間限定の同人誌を立ち上げた。それが『隣り村』だ。これに連載を書くように命じられ、創刊号（二〇二二年六月）から終刊号に当たる第八号（二〇二四年三月）まで、と言いたいが、一回の休載分に加え、最終回が間に合わず、その後「別巻」（二〇二四年六月）というのを出してもらって、七回にわたって連載したのが、本書の原型になった。八田さんの存在がなければ、本書は影も形もなかっただろう。あとがき最大の主題が八田さんへの謝辞であるべき理由である。

連載中の雑誌を知人、友人に勝手に送りつけたため、ご迷惑だったと思うが、何人かの方々からは刺激的なご意見を頂戴した。全てにお名前をあげることはしないが、畏友山室建徳氏だけは例外とさせていただきたい。かつて波動砲と言われたことがある山室氏の批判は、ある種存在論的な重量感のあるもので、特に連載中などに飛来すると健康によくない。そんな批評をしてくれる人はほとんどいないので、本当に感謝の外はないのだが、とりあえずは押し返さないと書き続けられないので、本書ではほとんど当初の考えを改めていない。いまは呼吸を整えて強襲に備えたい。

本書をまとめるにあたっては、中央公論新社の吉田大作さんに何から何までおせわになった。吉田さんは私の最初の単著、『日本の近代4「国際化」の中の帝国日本』（一九九九年）の担当編集者である。思えば長い付き合いだ。本書は連載時の原稿にかなり手を入れているが、その多くは吉田さんの疑問に答えるように考えを進めた結果である。連載時の文章から少しでも伝わりやすくなっているとしたら、吉田さんのおかげだ。しかし行きつ戻りつの連載中に書籍化を考えるなど、この人も少しおかしいかもしれない。

二〇二四年八月

有馬　学

## ま　行



## や　行



## ら・わ行

## な　行



## は　行

## さ　行



## た　行

# 人名索引

## あ 行



## か 行

有馬 学

九州大学名誉教授。1945年北京生まれ。鹿児島県出身。東京大学文学部卒業、76年、同大学大学院人文科学研究科博士課程単位取得満期退学。九州大学文学部講師・助教授、1994年より同大学教授。同大学大学院比較社会文化研究科教授を経て、2012年より福岡市博物館総館長（2024年3月退任）。著書に『日本の近代4「国際化」のなかの帝国日本』『日本の歴史23 帝国の昭和』、『山本作兵衛と日本の近代』（共編著）、『近代日本の企業家と政治――安川敬一郎とその時代』（編著）、『福岡県の近現代』（共著）などがある。

「戦後《せんご》」を読《よ》み直《なお》す
――同時代史《どうじだいし》の試《こころ》み

〈中公選書 153〉

著 者 有馬《ありま》 学《まなぶ》

2024年9月25日 初版発行

発行者 安部順一

発行所 中央公論新社
〒100-8152 東京都千代田区大手町1-7-1
電話 03-5299-1730（販売）
03-5299-1740（編集）
URL https://www.chuko.co.jp/

DTP 市川真樹子
印刷・製本 大日本印刷


Published by CHUOKORON-SHINSHA, INC.
Printed in Japan ISBN978-4-12-110155-6 C1321
定価はカバーに表示してあります。